特色学校聚焦丛书　**丛书主编　杨四耕**

不一样的生命，
一样的精彩

丁利民◎著

华东师范大学出版社

·上海·

图书在版编目（CIP）数据

不一样的生命，一样的精彩/丁利民著. —上海：华东师范
大学出版社，2019
（特色学校聚焦丛书）
ISBN 978 - 7 - 5675 - 8675 - 8

Ⅰ. ①不… Ⅱ. ①丁… Ⅲ. ①小学教育－教育研究
Ⅳ. ①G622.0

中国版本图书馆 CIP 数据核字（2019）第 023880 号

特色学校聚焦丛书

不一样的生命，一样的精彩

丛书主编　杨四耕
著　　者　丁利民
策划编辑　刘　佳
项目编辑　林青荻
特约审读　李小敏
责任校对　赵小双
装帧设计　卢晓红　刘怡霖

出版发行　华东师范大学出版社
社　　址　上海市中山北路 3663 号　邮编 200062
网　　址　www.ecnupress.com.cn
电　　话　021 - 60821666　行政传真 021 - 62572105
客服电话　021 - 62865537　门市（邮购）电话 021 - 62869887
地　　址　上海市中山北路 3663 号华东师范大学校内先锋路口
网　　店　http://hdsdcbs.tmall.com

印 刷 者　浙江临安曙光印务有限公司
开　　本　787×1092　16 开
印　　张　11.5
字　　数　187 千字
版　　次　2019 年 3 月第 1 版
印　　次　2020年12月第4次
书　　号　ISBN 978 - 7 - 5675 - 8675 - 8/G·11744
定　　价　34.00 元

出 版 人　王　焰

好学校的性格色彩

这些年,我与中小学、幼儿园有许多"亲密接触"。从这些学校中,我发现了一个"秘密":好学校总有自己的性格色彩,总有自己的精神属性。

好学校有丰富的颜色

好学校一年四季都有风景。春天,你走进它,有各色花儿,红的像火,粉的像霞,白的像雪。夏天,你置身其中,绿草茵茵,就算骄阳似火,也有阴凉。孩子们可以踢球、打滚,可以任性。秋天,你老远就可以看到,枫叶红了,橘子黄了,婀娜多姿;冬天,你靠近它,香樟绿环绕着你,垂柳枝笼罩着你,你不会觉得单调。当然,环境的价值不在于"装扮",而在于让心灵沉静,让生命多彩。它是生命哲学的演化,是内心深处的讴歌与赞美。法国思想家卢梭说教育的核心是"归于自然"——回归"自然状态",回归人之原始倾向。善良总存在于纯洁的自然之中。好学校总是拥有自然的纯净与原始美,它努力让孩子们与美好相遇。静谧,美好——好学校是温润的。

好学校有足够的成色

成色是衡量一所学校教育境界的一个指标,是一所学校的"育人"含金量。如果一所学校的含金量定位为考试成绩,它的成色就是混浊的;如果一所学校的含金量定位为立德树人，它的成色就是清纯的。黎巴嫩诗人纪伯伦说过："我们已经走得太远，以至于忘记了为什么而出发。"教育是为着我们不曾拥有的过去，为着我们不曾经历的当下，为着我们不曾想到的未来。教育之原点在激发想象，而不仅仅是学习知识；教育之原点在发展理性，而不仅仅是讲授道理；教育之原点在鼓励崇高，而不仅仅是理解规范；教育之原点在丰富经历，而不仅仅是掌握技艺；教育之原点在温暖心灵，而不仅仅是强化记忆；教育之原点在强健身心，而不仅仅是发展智能；教育之原点在点亮人生，而不仅仅是预知未来。回归原点，是好学校的立场。不功利——好学校是纯粹的。

好学校有优雅的行色

优雅是让人向往的，有来源于生命本身的气质。每一个人都行色匆匆，孩子们被课业压得喘不过气来，教师被成绩比较而形成优劣阵营，这样的学校就不会是一所好学校。什么是好学校？孩子们表情舒展，教师们精神敞亮——每到一所学校，我总喜欢以这样的眼光去观察师生的生命状态。我发现，在好学校，孩子们的脸总是明晃晃的，有美好期待；教师的行色总是从容优雅，有专业自信。女孩子沁人心脾，男孩子风度翩翩，生命在人性层面焕发出动人光彩。一句话，每一个生命都自然而然地生长，这里有一种难以言说的气息在校园里弥漫开来、传播出去。面对此，我只能说：好学校是舒展的。

好学校有鲜明的特色

办学特色是一所学校整体呈现出来的系统性特征，集中表现在基于学校文化的课程体系。学校办得好不好，不在于规模有多大，而在于特色是否鲜明，是否有足以体现自己文化的课程架构。好学校行走在有逻辑的课程变革之路上，努力让学校课程富有倾听感，关注学生的学习需求；拥有逻辑感，建构严密的而非拼盘的课程体系；嵌入统整感，更多地以整合的方式实施而非简单地做加减法；饱含见识感，以丰富学生的学习经历为取向；提升质地感，课程建设触及课堂教学变革，课堂教学呈现出新的文化样态。一句话,好学校课程目标凸显内在生长,课程内容突出学习需求,课程结构强调系统思维,课程实施张扬生命活性,课程评价与管理彰显主体向度。好学校关注学习方式的多变性和场景性、学习时间的灵活性和可支配性、学习空间的多元性与舒适性、学习资源的丰富性和易得性,让所有的时空都成为课程场景,让孩子们学习作品的形成、展示、发布、分享成为校园里最美的景观,让时空展现出生命成长的气息和灵动。是啊,好学校有生命里最美好的记忆。

好学校有厚重的底色

厚重的底色不在于办学时间长短,而在于拥有强烈的文化自信。进入学校,我喜欢看墙上的"文字"。多年经验告诉我,文化不在墙上,很多时候,墙上的文字越多,学校的文化含量越低。道理很简单,大量文字堆放在墙上,说明这种文化还没有被老师们普遍认同,更谈不上内化于心、外化于行;说明这种文化还缺乏影响力,还没有被大众广泛接受,需要宣示和传播。一所学校是否拥有自己的教育哲学,是否拥有自己的教育信仰,是它"底色"如何的重要侧面。毫无疑问,好学校应该有自己的教育信仰。但是,教育信仰不是文字游戏,不是专家赐予的东西。信仰是从内心深处生长出来的,是从脚底下走出来的,是从指尖流淌出来的,是慢慢地生长、慢慢地走出来、慢慢地流淌出来的东西。唯有"慢慢地"才能"深深地","深深地"才能"牢牢地",扎下根来,进入我们的灵魂,融入我们的血液,成为我们生命的构成,成为我们前行的力量。文化总是无言或少言,但让人作出判断和选择。好学校,你一走进去,一种向往感、追慕感、浸润感便油然而生。因此,好学校是柔软而有力的。

美国思想家梭罗在《种子的信仰》一书中把好学校比喻为"一方池塘",每一个孩子在其中如鱼得水,自由自在,这就是"回归自然"的状态。不是吗?好学校总是这样的——温润,纯粹,舒展,美好,柔软而有力——这也是本套丛书聚焦的一批学校的性格色彩。

杨四耕

2017 年 11 月 11 日于上海市教育科学研究院

目 录

第一章　校长,行走的学校文化

　　学校文化是一种精神,是学校发展的灵魂。校长,是学校行走的文化符号,一言一语,一举手一投足,都显现校长对教育的全部理解。教育润泽生命,关乎民族。因此,校长不比其他职业,成功失败可以自己负责。校长最好不要建功立业,更不能急功近利,一颗平常心,敬畏生命,遵循规律,给予足够的时空,让教师和学生都在舒展生命的自然张力间获得成长。

第二章　课程,无限生长的空间

　　学习无时不在,学习处处可发生。曾有人说:"学校能为你们做的就是将机会放置在你们能够触及的地方,然后由你们自己去抓取。"于此,学校课程的目标就清晰可见。四方的围墙,教室有、校园有,难道我们的心里没有吗?打破它,拆除它,让学校、社区和城市间的资源无限流淌起来!让我们共同来修起这座通往外部精彩世界的桥梁吧,看到生命的如潮涌动,享受智慧的深刻启迪,该是多么美妙的事……

第三章 让学习真正发生

佐藤学说："保障所有学生的学习权，让他们在学习中体会到快乐，通过互相倾听、互惠学习来得到自我表达的机会，从而了解到自己的力量和责任。"可见，教学的意义在于促进学习的真正发生。好的课堂文化旨在保障所有学生平等的、高质量的学习机会。只有把学生内部的能量发挥出来，才能真正提高学习的效率和效果。

第四章 每一个孩子都是一个宇宙

每一个生命都是一个小宇宙，自带光芒，各具魅力。我们尊重个体独特的生命价值，怀着好奇，探索与发现蕴藏其间的潜力，让"关爱生命，尊重差异"的主旋律在师生间奏响，在陪伴生命成长的过程中，共同获得崭新的体验，唤醒成长的内在动力，让每一个生命都迸发出璀璨、独特的光。

第五章　成就每一位教师的精彩人生

育人育己,教学相长。教育的本质是生命与生命之间美妙的互动。我们期待用丰富的课程、适切的教学方式,成就学生成长的同时,关注教师本身的成长愿望和发展潜力。如果说,校长是理念的引领者,那么教师便是理念得以落地的实践者。当学校的办学理念成为教师共同的价值追求,理念才得以落地;当教师厘清发展目标,在成长之路上才能涌现不竭的动力;当学校多元的课程平台、个性化的研修满足每一名教师的发展愿望,教师的专业才得以适性成长。

第六章　向着优质均衡出发

集团化办学是推进教育优质均衡发展的重要举措。纵观附小教育集团的发展历程,从最初的项目驱动走向价值认同,并非几位校长情投意合的自然结果,而是机制引领下不断深入的探索历程。成员校之间的每一次互动都是一个"机会",在碰撞与融合中,打破校际间的心理藩篱,彼此走近,合作共赢,成就每一所学校最好的自己!"不一样的学校,一样的精彩",向着美好的愿景,向着优质均衡的目标,我们共同出发!

前　言

慢慢生长的愿景

溯流·徂源

当我还是年轻教师的时候,一个偶然的冬日,在阳光和煦的校园里,我看到孩子们自信、专注、自由地活动,每个人都拥有属于自己的成长瞬间;教师们微笑着欣赏孩子们的快乐……校园里寻常的情景,在我心里的感悟则是"生命的不一样"、"教育的慢生长"。温暖的场景演化为我内心的价值追求:世界的精彩正是因为差异;温暖的场景演化为我的教育愿景:教育的精彩在于支持不一样的生命!

感谢时代,让我在 26 岁时就走上了管理岗位。从担任副校长那一刻起,曾经的"温暖场景"愈发清晰,我要让它成为学校的常态,而管理的难度在于让管理者能有追随者。

"愿景"成为办学理念,可以追溯到 2000 年,当时我任平凉路第三小学校长。学校坐落在棚户人家集中的地区,是上海有名的"穷街"。学生家庭也相应显得弱势,下岗、单亲、外来媳妇家庭占了三分之一。教师们把学校发展的最大问题归结为生源,期待有一天,城市规划让社区生源得以改善。

管理更大的难度,在于管理者希望把学校带向理想的彼岸,而此刻人们或许并不能抬头清晰地展望到彼岸的美丽。面对这样的办学背景,我希望能转变教师们这个被动沮丧的想法,提出了"不一样的生命,一样的精彩"办学理念,希望以此激励教师们共同去思考美好未来——

我们的学校必须根植于我们的学生所居住的家园,无论贫穷与富足;我们必须自始至终热爱我们的学生,无论聪明与愚笨;我们必须以每一位学生的发展为己任,以自己的专业扶持他们走好人生的第一步。也许我们的学生将来不会做出惊天动地的大事业,但他们必须懂得孝敬父母、诚实守信;也许他们将来不会进入名牌学校,但他们必须热爱学习、充满自信……

平三小学七年间,学校如我期待面貌焕然一新,校园中孩子们生动自信的笑颜,教师们亲切专业的态度,勾勒出理想学校的雏形,也让我开始憧憬"愿景"的实现。

2006年,我遇到了让"愿景"明朗起来的机缘。那年,我来到了长白二村小学(现上海理工大学附属小学),面临的办学基础有很大的不同。学校是一所有60年历史的中心校,在经历了7所学校的不断调整合并后,形成了40个教学班、1200多名学生、117位教师的办学规模。但我发现,教师的理念参差不齐,最大的问题也在于教师把教育教学失败的原因归咎于学生。

我坚守"不一样的生命,一样的精彩"的理念,描绘了一幅学校的图景——

在我们的眼中,每个学生是如此不同,如此重要。我们顺应每个学生的禀赋,肯定和尊重个体的生命价值、特殊才能、个性差异。在这个温馨的学习社区里,我们坚持以善良培育善良、以智慧启发智慧、以生命润泽生命,激发学生对知识的热情、对成长的信心、对社会的适应、对生命的珍视。我们坚信只要努力就会成功!

"不一样的生命,一样的精彩"在两所基础迥异的学校得到了不同的实践。两次深度思考孕育办学思想的过程是我内心"愿景"成为现实"图谱"的心路历程,也是我带领全体师生迈向愿景、创造变革的难忘旅程。

逆水·行舟

顶层设计完成之后,如何有效实施就决定了成败。怎样将我的办学思想转化为每一个教师共同的信念与行动?在学校管理中,通常改革会获得前30%的教师的支持,但后20%的教师才是决定改革成败的关键力量。如何引导所有教师参与到成就学校精彩的教育实践中,这是管理的关键所在。

把握学校重建更名契机,以机制保障改革。 2007年,杨浦区政府为了提升区域教育内涵品质,联动合作高校打造优质教育品牌,将我校更名为上海理工大学附属小学,并在原址上推倒重建。这对我来说,无疑是一个解决管理问题的契机——教师习惯了大锅饭、习惯了居高临下对待学生、习惯了重主课轻副课,许多教师的眼中只有分数没有孩子,这些行为与我的理念不断地发生冲突,因此改革势在必行。通过一系列建章立制的举措,我们实施绩效激励,开展满意度调查,规范教师教育教学行为。其中,改革学校绩效工资分配方案,以多劳多得、优绩优酬、倾斜一线、骨干和有突出成绩者为价值导向,教师间的待遇一下子拉开了差距,促使一批渴望专业发展,并认同"愿景"的教师很快被激励起来,他们成长迅速,有的成为了区骨干教师,有的走上了管理岗位。更重要的是,制度建设营造了学校"公开、公平、公正"的治校氛围,有效保障了教师安心地工作,从而全心全意地开展教育教学。此外,家长及学生满意度调研也让那些只关注分数和纪律,忽略师生关系这个核心维度的教师,感受到了未曾有过的冲击,唤醒更多教师回归教育本原,认清专业价值取向。

走通办学内涵发展之路,立足课堂聚焦专业。对于提升教学质量,我们更选择了一条最难走的路——坚持"三不准"原则:不准挤占专课时间、不准增加额外作业量、不准影响学生的睡眠时间,要求教师向 35 分钟课堂教学要质量,而且教学必须受到学生喜欢。面对着一百多名来自不同学校、平均年龄仅 35 岁的教师群体,以及近千名学生的大体量,分管教学的副校长感到"这几乎是不可能完成的任务"。但为了走通这"华山一条路",我开始了大刀阔斧的改革。首当其冲的就是管理部门,学校调整布局,设立了教学、德育、行政三个处室,分管副校长、副书记深入其间。把教学处从其他琐碎的事务中解放出来,针对教学五环节进行专项管理。由分管教学的副校长和学科教导全面负责所有基础型学科,专心致志地狠抓课堂教学质量。从 2006 年起,教学处几乎每天都会走进教室推门听课,每人每周听课数 6～8 节,一学期推门听课数达到上百节。同时,实施"全学科质量分析",不仅包含学科阶段检测成绩反馈,还涵盖学生学业情况问卷调查,以及由卫生室、体育组同步发布的学生体质达标率、近视率、睡眠时间等健康指标。对于以往鲜少问津的音乐、美术、科技等学科,我也要求以随堂听课和技能操作为主进行考查,促使"全学科质量观"成为全体教师的共识和行动指引。经过几年的稳扎稳打,问卷调研数据显示,各班学生及家长对任课教师的满意度均达到了96.8%以上。

正本·清源

2011 年,"上海市新优质学校"项目启动,这是一次在育人观念上,回归教育本原,关注每一个学生的差异发展的重要改革。关注生命差异才有学校的精彩,我的教育理念与其如此一致,它激励着我不断思考:如何不断激发教师群体主动变革发展的内生动力?针对内涵发展的瓶颈问题,我开始了深入的项目研究和实践,不断提升学校的办学水平,办家门口的好学校成了我持之以恒的追求。

开展从学校发展中的真实问题出发的校本培训,唤醒教师自觉的反省,是我与我的团队带领教师共同走向理解新优质、寻找身边的新优质、实现新优质的具体路径。解答"新优质是什么"的问题,形成对"新优质"的再认识,我期望教师不再把学业成绩、分数排名作为衡量学校优质与否的唯一标准,取而代之的是回归教育的原点,真正关注到人的发展,关注如何让教育过程更丰富、师生关系更和谐,关注如何用丰富多元的课程满足学生多样化的学习需求,我坚信这些都是对人作为生命个体的重新打量和深度审视。教育,终应使每一个人都拥有成长的力量。

我亲自主持培训,与大家共同探讨"你怎样理解新优质学校"、"哪个教育故事令你印象最深刻"、"说说你身边的新优质故事"、"怎样做可以更优质"、"联系实际提出问题或看法"等等,解决教师心中对"新优质"的困惑。培训中,教师们给了我很好的互动、回应和启迪,提出了师生关系和谐、全纳性接受学生、关心学生的内心需求、多元的课程、作业量适度等贴近新优质价值追求的观点,让新优质一步一步开始走近。

我们还一同研讨"怎么做"的问题,从抽象到具体,以层层递进的方式让"愿景"一次比一次生动和立体。2013年,在"男孩女孩"性别教育课程实践基础上,我们将研讨聚焦到男孩的教育困惑,诠释男孩的成长秘密,深入理解生命个体的差异。在"不一样的男孩"校本培训中,我们围绕"发现男孩、解读男孩、为了男孩"3个环节4个核心问题展开,通过案例"妈妈的焦虑"发现男孩,从数据分析看"男孩危机",写下我们面对男孩最受困扰的问题,通过观看"脑差异"视频了解性别对思维方式的影响,学习《为了男孩的28条建议》,解读学校《男女生认识差异调研》和《课堂观察数据分析报告》……我们在学习交流中共享智慧,共同坦诚地面对男女生差异给我们的教育教学带来的苦恼与困惑,共同经历着观念的碰撞和理念的更新,经历了一场至今令人回味无穷的"头脑风暴"、"知识的饕餮盛宴"。正如培训中一位教师的真实感言:"教书20年,我以为我都懂,现在才发现我其实真不懂,面对差异,我将学无止境。"

水到·渠成

　　学校的性别教育课程历经十多年，获"教育部基础教育课程改革教学研究成果二等奖"，出版了全国首套性别教育实验教材和家庭版读本，并产生了较好的社会效应，我们的教师远赴甘肃、内蒙、云南、贵州等地，向中西部偏远地区学校推广性别教育课程理念和实施方法。2016年，我校成为杨浦区性别教育研训基地核心校，联合大学、高中、初中共10所学校，挑起大中小一体化研究重任。性别教育课程建设的成功，犹如一股清泉，渐渐冲积汇合出学校课程之江渠……

　　建立适性多元的校本课程。在性别教育课程建设的良好基础上，我和我的团队开始着眼创新学校多元的课程，让孩子们拥有更丰富的学习经历，为满足孩子们的成长需求提供更多的可能，奔向用课程来成就每一个学生的精彩的目标。尽管学校近年来科技、艺术、体育成果在杨浦区一直领先，我内心期待的也不是领奖台上的辉煌，而是孩子们能在丰富多元的课程中感受到来自教师、伙伴的信任，体验到生命的欢畅和拔节的脆响。每天三点半后，校园就成为了孩子们的伊甸园，学生可以参加合唱、棒球、篮球、足球、击剑、OM、机器人、戏剧、微电影、书画等社团活动，经过多年的科目建设，我们的自主拓展科目储备量达到了107个。

　　培育教师"关注每一个"的课程情感。作为一所大型学校，"关注每一个"并非易事。虽然1200多名学生中随班就读学生仅2名，加上一些情绪障碍、学习障碍的学生，也不超过10人。但就是"一个也不能少"，为了"每一个"的健康成长，我支持有心理专长的教师特设"小星星特教课程"，打造心理辅导、特殊教育一体化资源教室，设立特教专管员和资源教师的专职岗位，并对全体教师进行特殊学生教育的专门课程培训。当我看到自闭倾向孩子能回应教师，中度弱智儿童能与人交往，轻度弱智儿童取得毕业证书时……我觉得我们所有的付出，都是那么值得！

　　持续攻坚的课堂教学研究。课堂教学转型是学校内涵发展的核心，带领团队攻坚课堂教学深水区，确立"关注学情，关注差异"的课堂教学理念，探索学与教的变革，我义无反顾。2013年，"让我们的课堂活起来"的教学研讨，引导教师反思以往教学中司空见惯的"满堂灌"；2014年，"基于学生差异的课堂教学策略研究"作为重点发展项目被纳入学校新三年规划,数学、英语学科率先尝试开展了"基于小学生学习风格差异的课堂观察及教学模式探索"和"借助信息技术提升小学生英语综合能力的课堂教学实践研究";2015年,研究扩展到科学与技术、语文、美术、音乐、体育学科。"雄关漫道真如铁",但我们"咬定青山不放松",逐渐形成了"提出问题——实践行动——追问反思——再实践探索——形成策略"的探索途径,积累了《激发兴趣、玩中生智、活化课堂》、《创自主学习空间,促学习能力提升》、《创设一体化作业,智用多元化评价》等研究经验,正向着"关注学情,关注差异"迈进。

时光荏苒,由"愿景"引发的坚守与长期教育教学实践,让我们这所上海普普通通的小学,成为了老百姓家门口的好学校。全区艺术教育第一、体教结合第一,学业质量绿色指标领先、学生体能水平领先……一项项不唯学习成绩的指标,是经年累月的深耕细作后焕发出的绚烂光彩,也是我们对优质教育更深层内涵的诠释。每年招生时,一浪高过一浪的学生回流潮,家长和学生用"脚"投票,表达着对我们的信赖与喜爱,让我感动,更觉责任在肩。办学始终是迈向未知世界的探索,校长是能够聆听自己内心声音、描绘共同愿景、感召教师奋斗的先行者。学校发展的生命力在于课程创新和教学变革,不断地尝试和冒险、突破与收获、错误与失败都是我的财富,正可谓"夫源远者流长,根深者枝茂。"积蓄力量,面对挑战! 我将坚持不懈地在探索中学习和汲取,并始终相信美好"愿景"终将实现。

第一章

校长，行走的学校文化

学校文化是一种精神，是学校发展的灵魂。校长，是学校行走的文化符号，一言一语，一举手一投足，都显现校长对教育的全部理解。教育润泽生命，关乎民族。因此，校长不比其他职业，成功失败可以自己负责。校长最好不要建功立业，更不能急功近利，一颗平常心，敬畏生命，遵循规律，给予足够的时空，让教师和学生都在舒展生命的自然张力间获得成长。

第一节　一个不断延伸的教育梦想

学校文化,是一种氛围、一种精神,是学校发展的灵魂。它如同空气一般,无处不在,在学校整个场域内,熏陶着教育环境中的每一个人,使每一个走进校园里的学生、教师都感受到一种神圣的、令人肃然起敬而心向往之的氛围。校长,是学校行走的文化符号,一举手一投足,都向外界传递着自身的价值观和教育追求,润物无声地渗透凝练着学校文化。而学校的一草一木,也彰显着自身对教育的全部理解。校长的眼界和格局,决定了学校文化的走向和纵深。唯有不断澄清理念,怀着一颗平常心,敬畏生命,遵循规律,给予足够的时空,才能让教师和学生都在舒展生命的自然张力间获得成长,让学校风貌焕发蓬勃生机。

一、关于办学理念

相信每位校长内心都有一个梦想,我更加愿意用"愿景"这个词,因为"愿景"让我看到更加真切的场景:校园里,孩子们的自信和专注,各种表情,各种美好的成长瞬间;教师们的微笑和温暖,各种姿态,伴随孩子一起成长……有了这样美丽的憧憬,校长的智慧就会自然的生发,并且信心百倍、百折不挠地向着这个目标前进。

第一个十年,从坐落在棚户人家集中地区的平凉路第三小学,到工人新村地段的长白新村第二小学,我始终秉持"不一样的生命,一样的精彩"的教育理念,用这一理念不断检视自己的办学行为是否偏离了方向。我与我的团队以智慧和实践不断充盈、更新着它的内涵。当第二个十年到来时,我们共同赋予了它新的意义:

我们将致力于办这样一所学校:在我们的眼中,每个学生是如此不同,如此重要。我们的教育顺应每个孩子的天性,构建温暖平等的师生关系,珍视差异,鼓励质疑,鼓励探索,鼓励表达,让学习真实发生,让层出不穷的创造力成就生命的精彩。

在学校管理团队共同讨论斟酌这些理念的时候,每一句话,每一个词,都在我们眼前展现出美好的景象,不仅在我心里,在大家的心里也都有这样一幅画面,它是学校发展的愿景,是前进的风向标,是我们共同的价值追求。梦想在这里延伸了,丰满了……之后的办学,我不再孤单。

二、关于管理

所谓"理想是丰满的,现实是骨感的"。"愿景"越是美好,现实越让自己焦灼。现在想来,在走向理想的一路上,正是这份焦灼感,让自己如履薄冰,不敢有丝毫懈怠。

管理是校长让理念落地的抓手。初任校长时,我也憧憬过美好和谐的管理方式。然而,基于教师自觉的制度设计及宽松的管理一度带来学校的无序,这让我领悟到:学校教师群体有成熟周期,管理者要引领教师队伍走向成熟,要采用与组织成熟度相匹配的管理方式。没有最好的管理方法,只有最适合的。管理的过程也是向着目标前进并不断解决问题的过程。在上理工附小的十二年间,我们的制度不断在调整,每一次调整都向目标更近一步:为了让孩子们健康快乐地成长,我们改革管理部门,提出全学科质量观,我们建立随堂听课制度,并开展学生及家长对学校课程和教师的满意度调查;为了能不断引进优质的师资,也给更多的青年教师成长留出空间,我们调整工资和岗位设置,规定8级岗位必须是骨干教师,至今预留8级岗位的名额以激励教师发展。每一次建立制度的过程,必然是一次艰难的过程,说服教师理解大局、理解学校的长远发展目标,并不是一件容易的事情,但我想,坚持公平、公正地对待每一位教师、每一件事情,假以时日教师会理解新制度,并与校长一起走向目标的。

如果说制度是管理中的刚性手段,那么培训就要柔软得多,制度不能解决所有的问题,要超越规范,就要在更高的层面上引领教师。好的培训一定是打动教师内心、激发教师内在动力,从而寻找到改变路径的过程。我们的培训从来不随意邀请专家报告,培训目标直指具体的项目推进的工作要求。培训的组织也必定是从策划、准备、展开、落实,全过程由整个团队共同参与。

2011年,我们举办了一场主题为"不一样的男孩"的培训,旨在将男孩女孩的研究引向学习科学领域,让教师理解男女生可能存在的学习风格的差异,并启发教师研究学生差异,思考更加顺应学生差异的适切的教育教学方式。培训前,我和我的团队一起先学习,在网上查找国外的相关研究资料,做基于学校生活的(例如:插嘴、背诵、拖堂等等)男女生差异调研,整理基于进化心理学的男女大脑差异的资料,组织各学科教师提供案例,并在大量案例中梳理出好的做法,指导他们做出生动的数字故事……这样的一次培训过程,就是一次很好的研究,引用尹后庆主任观摩活动后的评价:"研究让我们的教师处于一种专业生活状态;在深入细致地了解学生中,教师逐渐适应学生视角;教师通过选择适当的应对策略,不断增强教学的艺术性,注重教育教学微观流程再造。"

三、关于特色

经常听到一些校长的感慨:学校没有好的师资开发课程,教师缺乏自觉反省能力,学校没有什么特色等等。曾经也被这些问题困扰,实在想不出,我就放下,做自己可以做的事情,认认真真地规划学校的发展愿景,脚踏实地地实施学校发展规划……

"无心插柳,柳成荫"。放下了对"办学特色"的执着,一心一意为学生办学,让教师成长,不被所谓的特色"绑架",不被一些所谓的好教师"绑架",不被所谓的办学成绩"绑架"……心里装着目标、装着全体教师和学生,一心一意地走向自己的理想王国,当我蓦然回首时,看到了奇迹:

教师们自主研发了100多门自主拓展科目:棒球、衍纸、袜子娃娃、头脑OM……

学校在全区艺术和体育总分第一、学业质量绿色指标领先、学生体能水平领先……

对教师的满意度调研达到了96.8%以上的满意度,家长和学生用"脚"投票,我们学校连续多年成为区域最热门的学校之一……

放下功利,怀抱梦想,坚定不移地追求理想,用热爱点燃教师的梦想,成就最好的自己。

第二节　真正信奉的教育理念不是口号

办学理念,是学校整体办学的信念和理想,也是学校开展一切教育教学活动的起点和基础,是学校组织的终极追求,更是学校文化的核心。它是每一位校长及其团队经过长期办学实践的积淀,是办学宗旨、办学目标、办学原则、行为规范等整合在一起的有机整体。正因为如此,有了它,学校师生才有了共同的"灵魂"。我想,它更应该成为全体师生真正信奉的教育理念。它不是口号,不是标语,而是这个集体中每一个人发自内心的追求与梦想。

一、走向优质的起点和憧憬

学校前身是长白二村小学,有着 60 年的历史,是杨浦区域内的大型中心校。但在最近的 10 年发展中,学校却面临与周边 6 所学校不断拆并整合、优质师资陆续流失的窘境。筹建初期的上理工附小,师资水平参差不齐,部分教师总抱怨没有好的生源和好的资源,师生关系紧张;学校原先的分配制度无法体现多劳优酬;考评体系论资排辈,团队缺乏创新活力;学校更缺乏具有引领性的办学目标和方向,办学质量和社会声誉明显下降。

2006 年 8 月,学校获得重建更名的新契机,设施一流的教学硬环境拔地而起。新生的学校应该走向哪里?衡量学校办学质量的,不只是漂亮的大楼和先进的设施,更应拥有凝聚大家共同发展的愿景和文化,以及优质的教师团队。

为了厘清学校现状和未来目标,我们与教育咨询公司合作,进行了学校诊断调研。调研结论与学校当时呈现的问题不谋而合,我们得以更加客观深入地分析学校管理和发展的现状,找到优势与不足,由此确立一个准确的目标定位。结合调研,我们发动全体教师共同梳理学校发展的亮点和不足,通过自上而下、自下而上几个来回的反复研讨、评估,最终聚焦成这样一句话:"不一样的生命,一样的精彩"。

凝聚全校师生教育理想的办学思想已落成文字,但如果没有持续的内化过程,办学理念就没有任何内在的价值,就会像口号与广告,只是一种外在的形式而已。如何将办学理念转化为每一个教师共同的信念?教师如何通过实践来实现学校的发展与转型,从而成就自己和学生的精彩?这是我们走向优质的必修课。而这一过程也并非能一蹴而就,它考量着校长的智慧和耐力,更检验着师生追求精彩的共同决心和勇气。

二、走向优质道路的阻滞与突破

最初 3 年,教师行为和学校理念不时发生碰撞和冲突。面对凸显出来的问题,我们着手建章立制，先后完善了学校管理部门的架构及各项制度的建设。如，三年规划过程性管理制度、教师岗位聘任制度、骨干教师评审机制、青年教师带教制度、备课组建设章程等。

制度规范了教师在教育教学中的行为，发挥出为学校愿景的达成保驾护航的重要作用。如，改革学校分配方案，根据责任大小，实行多劳多得、优劳优酬，这一举措在"一潭死水"中激起波澜，教师的待遇拉开差距后，激励起一批与办学理念和办学思想一致、渴望专业发展的教师走上了备课组长、年级组长、学科教导的岗位。又如，家长和学生满意度调研，犹如平地一声雷，反响强烈。起初有些教师的满意度仅45％，甚至有的骨干教师也并未获得学生和家长的认可。围绕调研结果，我们通过个别交流、教师培训等方式引导教师放下思想包袱，反思自身的教育观念和方法，重新审视自身对专业内涵的理解。"危机"转化成了"契机"，在此基础上，我们形成了学校教师专业发展的共同目标——爱心、专业、合作。朝着这个目标，我们和教师们一起经历着一次又一次洗礼。学校最近一次满意度调研显示，各班学生及家长对执教教师满意度均达到96.8％以上，而那些习惯了大锅饭、习惯了居高临下对待学生、又无法跟上学校发展步伐的教师，也与大家渐行渐远。

三、走向优质的规划与重建

在学校办学规划的制订过程中，对办学理念的设计与认可最为重要，也是最基础的一步。办学理念既是学校办学目标制订的依据，也是评价学校办学绩效的最终标准，更是引导与规范学校管理者、教职员工和学生自我教育行为的精神力量。

2007年，在教师初步形成了共同的价值观和行为规范的基础上，我们围绕办学理念和目标起步规划学校办学，引领教师不断走向目标。规划共建的过程曲折而充满激情，蕴含着我们团队成长的智慧和汗水。第一轮规划，我们如"盲人摸象"，一味依托专家，规划因为与实际脱节而"流产"。但我们整个团队将其看作是一次难得的体验，一次引发如何实事求是地谋划学校发展的深度思考。正当我们满怀信心投入2008年伊始的第二轮规划时，却又面临新校舍建成后的再一次重组——与一所有20个班级规模的学校合并，连续两年引进20多位新教师以解师资短缺的燃眉之急。接踵而至的两校融合、文化冲突、"职初"教师培训等问题，考验着我们是否具有按办学目标继续前行的韧性与智慧。我们没有裹足不前,将这轮规划的重点确立为补充和完善符合学校发展的教育理念和相应的制度调整,以形成优良的教学环境。

初见成效后,我们开始深入思考:我们究竟距离我们的目标还有多远?经过专家指导和反复研讨,我们发现:学校课程缺少围绕办学理念全过程的、统整的规划,以及相应整合性、综合性效应的课程科目;教师缺乏个性化教育和个别化教学的课程理念和技巧,缺乏拓展型课程研发能力;课程评价未能很好地涵盖育人目标所包含的要求,评价方式比较注重结果。就这些问题,我们把突破口聚焦到课程。作为学校实现自主选择和多样化发展的主要载体,围绕学校课程建设,我们确立了学校三年办学的目标:

依托上海理工大学的优势与特色,围绕办学理念和育人目标,规划具有全过程的、统整的课程框架,研发男孩女孩课程,促进三类课程融合;进行"关注学情、关注差异"的有效教学研究,改进教学方式;完善教学评价,开展学业诊断,形成注重学生个性发展的多元化评价体系。通过课程建设,我们希望提升教师专业能力,形成有共同价值追求的合作型教师团队,努力把学校建设成一所有办学特色的上海市新优质学校。

依据目标,学校确立了《新优质学校推进项目背景下学校课程的开发与实践》为未来3年的龙头重点课题,其下有10个子课题项目(如表1所示)。

表1 未来3年龙头重点课题之子课题展示

序号	重点项目名称
1	"男孩女孩"主题活动课程
2	"关注学情、关注差异"课堂教学实践研究
3	"精彩足迹"——学生的成长"档案袋"探索和研究
4	"小星星"课程
5	"智多星"课程
6	"博物馆奇妙旅"课程
7	"小眼睛大世界"课程
8	国家基础型课程实施项目"小学三年级语文单元整体教学实践研究"
9	少先队校本主题活动课程
10	基于男女生差异的教育教学研究(第一阶段)

四、走向优质的培训与觉知

再好的制度设计其执行也应以学生成长为根本，以教师认同为前提。制度与规划代表了规范和刚性的要求，表达了学校对追求优质教育的决心。但只有超越规范，让教师发自内心地理解和认同"每一个都精彩"的理念，学校才能走向真正的优质。我们相信学校的每一位教师都希望给予学生最好的教育，但往往缺少的是对习以为常的想法和做法的自觉反省。唤起教师对自我的觉知，从而改善教育教学行为，去接近"为了人的教育"这一教育本质，我们责无旁贷。"基于问题解决的案例分析"、"解读学校办学理念"、"倡导绿色课堂教学"、"学业水平测试结果解读"、"不一样的男孩"、"合作学习"……我们围绕办学中遇到的关键问题进行了校本培训，收到了良好的效果。

2011年6月，学校迎来新的发展契机，正式成为上海市新优质项目学校。"新优质"的理念与学校的办学目标默契相通，项目组专家们为学校转型发展把脉，他们看到学校教师培训的特色，鼓励学校运用校本培训这一独特的方式，深入追问学校加入新优质项目的样本意义——办学规模大的学校如何实现每一个师生的精彩，以帮助学校探寻学校发展的新增长点。

为让教师真正理解学校发展优质教育的内涵，并内化为自身发展的需求，改善教育教学行为，我们策划并开展了一场"新优质路上"的教师培训。培训从3个环节"理解新优质、寻找身边的新优质、走向新优质"及以下5个问题展开：

- 你怎样理解新优质学校？
- 哪个故事令你印象最深刻？为什么？
- 说说你身边的新优质故事。
- 怎样做，学校可以更优质？
- 联系实际提出你的问题或看法。

培训中，6位普通教师亲手制作了教育叙事故事，3位青年教师交流了在走向新优质的过程中自身的实践探索——或是针对学习困难生的个别辅导，或是对学科的单元整体教学设计与实践的反思，抑或是学生卫生习惯的养成教育。教师们用最朴素的语言诠释着他们心中对优质教育点点滴滴的理解和体认——师生关系和谐、全纳性接受学生、关心学生的内心需求、有多元的课程、作业量适中；共同感受着"新优质"其实离大家并不遥远，甚至就在身边；在自我教育、自我培训中，成为有共同价值理解的一群人。

此外，2013 年的"解读男女生差异"系列培训，也是在已有良好基础的《男孩女孩》性别教育特色课程上对进一步理解学校办学理念的纵深开掘。

培训分 4 次进行：第一次，收集视频、文本等与男女生差异有关的资料供教师自主学习；第二次，邀请复旦大学性别教育专家沈奕斐做《小学性别教育的困境与方向》讲座，从社会学的角度引导教师们审度自身的教育观念；第三次，结合《男孩教育缺什么》、《自尊女孩手册》、《拯救男孩》、《男孩成长的秘密》等书籍的阅读，进行读书交流会；第四次，开展"不一样的男孩"主题培训，从"发现男孩"、"解读男孩"、"为了男孩"3 个环节深入男孩的世界。教师们交流自己在男孩教育教学中最受困扰的问题，感受男女生的教育差异。培训中，上海思来氏教育咨询公司结合调研为教师解读了"男女生认识差异"的调查发现和课堂观察。还有 3 位教师的数字故事以及幼儿园园长、中学校长的增值报告，无不引导教师认识、关注性别差异，更深度地解读学生差异，寻找更适切的教育教学策略，不断实践创新。

基于真实问题的培训，由抽象到具体，从"是什么"、"为什么"、"怎么做"的角度层层地剥开，引导教师学习新优质理念、学习榜样学校、学习身边同事，从而驱动教师发展的内在激情和动力。比起刚性的制度和口号式的宣讲，我们深切感受到这样的方式更贴近教师的真实生活和内心感受，也让学校的办学理念一次次地生动、立体了起来。从中我们也逐步认识到，专业的核心不仅是技能技巧，更是对每一个不一样的生命的尊重、关怀与激励。

五、走向优质的转变与实践

基于问题解决的培训，帮助教师不断创新实践，一路走来，我们欣喜地看到教师们成长了起来，他们逐渐把视角转向学生，开始关注学生成长的需求，开始研究教学，开始研发课程。

2000 年起，为了回应学生一个问题"我从哪里来?"学校花费近 12 年时间研发一个课程——男孩女孩。该课程旨在引导学生了解生命的由来，了解男女性别的差异和变化,剖析少男少女的朦胧情感,减少成长过程中一些不愿或不便启齿的烦恼,真切有效地给出保护自己身体的方法,学会做自己身体和生活的主人。我们将课程分成三大板块,按低中高年级展开18篇内容。2010年,该课程荣获教育部基础教育课程改革教学研究成果二等奖,并受到社会广泛关注,收到良好的教育成效和社会效应。2011年9月,课程小组联合上海教育出版社,出版了全国首套小学性别教育实验教材《男孩女孩》。2012年2月,为了满足更多学生和家长的实际需求又研发了家庭教育读本。同年,性别教育在上海、广东、河南等地区试点研究。

性别教育课程建设的成功,启发了更多的教师。原来,源自学生及学生的问题可以成为一门课程,于是学生的更多需求,成为更多教师开发课程的动力。以每一个学生生命成长为出发点的课程研发基点,让"博物馆奇妙旅"课程从原先的走马观花发展成博物馆经历与学科知识整合的成熟项目;关注"每一个",让教师关注到了校园里容易被边缘化的为数不多的特殊学生,申请了特教基地学校,研发了"小星星"特教课程……这一系列课程均是教师在探索为"每一个孩子不一样的成长过程"提供不同的路径,这些课程的建设推进也促进着教师的专业提升,携手实现着整个学校课程建设的转型,不断丰富着学校走向"新优质"的内涵。"不一样的生命,一样的精彩"从墙上一步一步稳健地落地而行。

在实现学校办学理念和目标的过程中,我们不断告诉自己:结果不是最重要的,过程才是意义所在。无论是课程建设,还是学校任何一项工作,都要把关注点不断指向过程,只有全心专注于每一个当下,不断思考办学行为背后的价值和意义,对于生命的影响才会有水到渠成的结果,才会产生关怀学生生命成长的每一个瞬间,教育才能成就每一个生命的精彩!

第三节　愿你们永远珍藏着爱和温暖

各位家长、各位教师、五年级的全体学生:

大家下午好!今天我们在这里隆重集会,举行2009届学生毕业典礼。我谨代表学校向221名五年级学生表示祝贺。祝贺你们在上理工附小顺利完成了5年的小学学业,祝贺你们将要从一个新的起点开始人生又一段新的征程!

同学们,5年的学习给你们留下了什么?当年的期待有没有成为现实?我们学会了多少做人的道理,学会了多少知识,锻炼了多少能力?有没有为未来的学习做好准备?

看见你们从带上绿领巾,到加入少先队,仿佛还听见你们当年的誓言;结束5年的学习,有没有在每一次练习、作业、考试的成功失败中悟出:学习像攀登,只有勤勉和努力才能让你不断超越自己;从课堂学习到拓展课程的选择,你们有没有品尝到主动选择、探索新知的乐趣;亲子游戏节、自理节你们是否行规训练,学校花了5年的时间,希望你们举止有礼、行为端正,不知道你们会不会让我失望;从流动书吧到爱心义卖,你们有没有学会分享、奉献爱心,尤其是同情和帮助比我们弱势的人们;当你们走进武术博物馆、上海博物馆,有没有激发你们探索的欲望,让你们看到比书本更加广阔的世界。

5年的每一堂课、每一次活动,为了你们的成长,教师们以极大的热忱和教育的责任设计、组织、管理、评价,教师们真挚的情感和辛苦的付出,你们有没有铭记在心?再过7年中学、4年大学,也许今天早已成为模糊的印象,教师希望你们永远珍藏这些爱和温暖,并且成为你们今后人生永不枯竭的信心。

12岁的你们已经尝试挣脱父母的怀抱,但是不要忘记父母给予你们的人世间最深沉的爱,记得最重要的事情一定要跟父母沟通,他们是你们人生永远的导师。记得要经常告诉父母你很爱他们。作为校长,同样感谢我们的家长,因为我们的齐心协力,才有孩子的健康成长。

最后,我要把希望与祝福送给即将离开上理工附小的你们。希望大家成为健康、乐群、爱探索的毕业生!

希望你们带着满满的信心走进初中,不管学校怎样给你们排名,要知道,永远没有人知道你们未来人生的排名。要坚持锻炼,热爱户外活动,阳光会让你们更健康更快乐。要坚持诚实的做人原则,成绩可以落后,做人不可以差劲。

希望你们能用一颗感恩的心对待身边的每一个人、每一件事,帮助你的、挫败你的,成功的、失败的。相信你们在今后的求学道路、生活之路上一定会无比灿烂。祝愿你们扬起理想的风帆,乘风破浪,让不一样的自己成就一样的精彩人生!

（此文为作者在2009届毕业典礼上的致辞）

特别关注：为孩子一生奠定暖色基调

她所掌管的是上海一所普通的小学，如果不是因为"男孩女孩"性别教育课程，你在搜索网站中很难找到她和它的身影。

然而，当你深入学校所处的杨浦区中心腹地那些普通的工人社区，走进这所经历过 7 所学校的拆并整合、拥有着近三千名学生、百名教师的学校时，感受到的却是另一种热度——

连续多年学校周边户口数的两位数增长，一浪高过一浪的学生回流潮，家长和学生用"脚"投票，表达着对学校的信赖与喜爱。全区艺术教育第一、体教结合第一，学业质量绿色指标领先、学生体能水平领先……一项项不唯学习成绩的指标，在经年累月的深耕细作后焕发出了绚烂的光彩，不断逼近着优质教育更深层的内涵。

26 岁成为副校长，48 岁已经在校长岗位上磨练了 15 年，在上海理工大学附属小学校长丁利民的心里，小学就该是一片温馨乐土，要为孩子一生奠定暖色的基调，而那耕耘的过程却注定了静水深流，甘苦同在。

回归教育的质朴

"校长为我们选择的是最难走的一条路。"8 年改革，分管教学的副校长沈沁是最好的见证者。

2006 年，初到上理工附小的丁利民面对的就是一个推倒重建的工地，那时的学校还叫长白二村小学，正面临着 7 所学校拆并整合、优质师资流失的窘境。如何提升教学质量？丁利民坚持提出了三不准：不准挤占专课时间、不准增加额外作业量、不准影响学生的睡眠时间。要求教师向 35 分钟课堂教学要质量，而且教学必须受学生喜欢。

"这几乎是不可能完成的任务"，面对着一百多名来自不同学校、平均年龄 35 岁的教师和近千名学生的大体量，副校长的担忧不无道理。

为了走通这"华山一条路",丁利民开始了大刀阔斧的改革。首当其冲的就是管理部门,学校设立了教学处、德育处、行政处,取消教导处,教导处原先的招生考试等工作全部移交给了行政处,让主管教学的教学处全神贯注抓教学质量。

从 2006 年起,教学处几乎每天都会走进教室推门听课,从学期的第一周到最后一周,每人每周听课数不下 6 节,一学期推门听课达到上百节。所有学科都有责任教导,对该学科质量全面负责。

全学科质量分析制度也随之展开。不仅涵盖学生学业情况问卷调查,作业、试卷命题的监测,丁利民还要求教学处联合卫生室同步调查学生体质、睡眠时间、近视率等健康指标,并定期发布。对于音体美等过去鲜有人去考核的学科,教学处也根据每学期的教学内容进行抽查,让绿色课堂构建成为全体教师的共识和行动。

"刚开始进行学科质量分析时,教师们填写的原因都是'学生没有掌握'、'学生很粗心',好像学生学不好没教师什么事。现在,教师们已经习惯联系自己的教学实际来反思学生出现的问题。"回首往昔,丁利民很是感慨,"儿童是天生的学习者,改变只有从教师开始,虽然这个过程很艰难。"

不增加教学时间、不抢跑,提升质量从反思自身的教育教学做起,几年稳扎稳打,上理工附小教师们实现的不仅是"质"的飞跃,更是"心"的升华。丁利民说,这才是她想要的质量,是常态下依然过硬的质量。

"今天如果要我用一个词来形容教育,那就是'质朴'——本色、宁静,不浮躁、不功利",在她心底,教育是最朴素的事业,如同灌溉幼苗,周而复始地点种、耕作、间苗、收获,没有捷径,有的只是投入和期待。

丁利民对学校参加的各类比赛从没有评奖要求,既不奖励获奖者、也不批评失败者,她所期待的并不是领奖台上的辉煌,而是生命的欢畅和拔节的脆响。"我希望教师和学生都能享受那个过程,而不是结果。就像每次走进学生合唱团我都非常享受,因为她们之间简直不像是教师和学生,相互说着我都听不懂的话,尽情享受着音乐。笑容真诚,看见谁也不紧张。在我眼里她们都是第一。"

学校所有的公开课,她从不"打磨"更不包装。"但是我们会为教师的每一堂家常课跟踪'打磨',我们建立了备课组人人参与备课评课的机制,对考试成绩只作备课组的整体分析,不作各班的排名,不与教师考核挂钩。备课组就是同舟共济的整体,一个备课组的教师同备一堂课,一个教师的课,组里所有教师评。"

所有大的改变都源于这些小的变化,如同风起于青萍之末。"现在学校缺了谁都不行,只有缺了我最没有问题"。8年时光,她不光栽下了种子,更培育着土壤,收获着青翠。

不一样的生命,一样的精彩

就在几天前,丁利民在微信上发了一组击剑队孩子们的照片,对其中那个神采奕奕的女生,她写下了这样的话:"每一项运动和每一种姿态赋予每个人不同的意义,小姑娘体育成绩并不好,但击剑却很有天赋。一剑在手,心中便充满了自豪。课程的意义就在于提供孩子们更多成长的可能性。"

"不一样的生命,一样的精彩。"这句话贴在了教学楼最显著位置,如今也深深贴在每一位教师的心里。这句话里充满着丁利民对教育的理解和对理想的追求,"每个学生都有不同的禀赋,教育就是要肯定和尊重个体的生命价值、个性差异,让每一个不一样的孩子都拥有自己的梦想,成就最好的自己和精彩的人生"。

为了给孩子的成长创造更多的可能,她鼓励教师们开设了棒球、拉丁舞、中华美食、小黄莺歌唱团、小家政、旅游先行者……8大类80多门拓展型课程。每天三点半后,校园就成为了孩子们的伊甸园。课程加入和退出的唯一标准就是学生们是否喜欢和选择,以此鼓励和推动教师去研究孩子的兴趣和成长的需要。

因为不功利,所以教师们将更多的心思放在了关注孩子上;因为相信每一位师生的潜能,所以师生共同创造着一个又一个的可能与精彩。

丁利民至今仍清晰地记得,几年前一次校长培训课上,她突然收到来自教棒球拓展课的体育教师张慧制作的一段数字故事。张慧用照相机镜头记录下了这样的一个"捕手":那是一个旁人印象中爱打架又是"话唠"的小胖子,因为自认为可以打出本垒打而被人嘲笑,于是与人大打出手。但张慧却被他这股子劲打动了,决定助他一臂之力。三年后,小胖子依然是那个小胖子,但是他已成为了球队的精神旗帜。在他代表球队最后一场比赛中,正是他轰出的一记珍贵的本垒打,帮助球队再次获得了上海市亚军的头衔,他也获得了最佳球员称号。

片尾张慧写道:"谁能想到他能获得最佳,谁又知道下一个最佳会是谁。"看到这,丁利民说,她哭了。是的,相信"他",相信每个人,他们就有"可能"。

在她和教师们的共同努力下,刻在墙上的理念一步一步地落地而行。历时 6 年完成的男生女生性别教育课程,不仅出版了全国首套小学性别教育实验教材《男孩女孩》,研发了相关的家庭教育读本,而且已经将视角延伸到对男女生性别差异的教育教学实践研究中,引导教师研究学生,关注个体差异。

智力和心理有些偏差的特殊学生,有了属于他们的资源教室、小星星特教课程、个性化课表。博物馆课程从原先的走马观花,发展到如今学生、教师、家长共同参与的奇妙探究之旅……

一个"舵手"的坚持与梦想

丁利民说,她是个特别喜欢跟自己较劲的人。同事们也送她个外号"十万个为什么"。即便是常规的工作,她都要问教师"为什么这么做,想解决什么问题"。被"逼"急了的教师甚至"哀求"说:"校长,你为什么有那么多为什么?"

每次开行政会,丁利民必说的也是"最近读什么书了,又有什么新想法了。"因为在她看来,学校办学的经验可以复制,但是校长和教师的成长只有靠自觉,不想成长的校长和教师,复制不了任何经验。

"她是一个怀揣教育梦想的人。"教师薛蕾说:"一次与校长闲聊,说起她很理想化,教师们有时达不到她的要求,我记得当时校长说:'我就是个舵手,如果校长也没有梦想的话,学校这艘船又将驶向哪里',那话让我很感动。"

因为理想,丁利民坚持着她的坚持,未曾动摇。

为了改变学校考评体系论资排辈、教师安于现状缺乏活力的现状,她坚持打破大锅饭,改革教师分配制度,实行多劳多得,优劳优酬,评级向骨干教师倾斜。

为了建立全方位的评价体系,她坚持引入"家长及学生满意度调研",哪怕开始时面临有的骨干教师不足 50% 的满意度。而今天,学校的满意度调研已经都达到了 96.8% 以上的满意度。

她坚持向全校家长公开自己的手机号码、Email 地址,虽然当时很多人说:"那样公开不是引来家长投诉吗?"

她说,她理想中的学校,为了孩子的成长可以做最微不足道的小事,每一个孩子都能感受到教师对他/她的期待。学生学得很安心,因为学习是他/她需要的;教师们教得也很安心,因为让孩子成长是她们需要的。生命是很丰满的,不紧张、不追赶,彼此静静地享受着学习的快乐。

而真正值得叹赏的教育华章不正是在这样平静的坚守中吗?

计琳　本文原载《上海教育》2014 年第 7 期

第二章

课程，无限生长的空间

学习无时不在，学习处处可发生。曾有人说："学校能为你们做的就是将机会放置在你们能够触及的地方，然后由你们自己去抓取。"于此，学校课程的目标就清晰可见。四方的围墙，教室有、校园有，难道我们的心里没有吗？打破它，拆除它，让学校、社区和城市间的资源无限流淌起来！让我们共同来修起这座通往外部精彩世界的桥梁吧，看到生命的如潮涌动，享受智慧的深刻启迪，该是多么美妙的事⋯⋯

第一节　不一样的课程，一样的精彩

秉持"不一样的生命，一样的精彩"办学理念，依据核心素养细化"健康、乐群、探索"的育人目标，凸显创新思维与创新能力，培育学生适应未来社会发展的关键能力与必备品质。在成就学校精彩课堂、精彩课程的过程中，通过有效的方法和策略，成就教师群体的专业成长，落实学生健康身心品质的养成及创新思维、创新能力的培育，构建学校课程发展的文化内涵。

一、课程门类丰富化：满足学生的多样学习需求

依据办学理念及育人目标，我们在构建学校基础型课程校本实施的基础上，倾力打造拓展型课程和探究型课程，最大化地满足每一个学生的学习需求，努力为每一个学生的发展提供更多元、更适切的途径。

学习内容的多样化和可选择性是拓展型课程的基本特征；学习过程的个性化和探究性是探究型课程的基本特征。基于两大特征，在两类课程的开发与实施中就需要着力处理好两个关系：其一，重"量"也重"质"，既要借助高校优质资源拓宽课程的门类，也要从课程设计、审核、优化、选择、完善的视角逐步规范拓展型课程的设计程序要求和质量要求；其二，重"专长"也重"需求"，在拓展型课程和探究型课程的建设中，既要注重发挥教师能力特长，也要考虑学生真实的学习需求，将学生学习兴趣、发展需要与教师专长有机结合。

为此，我们的课程研发团队充分挖掘校内、校际、社区等资源，使学校的自主拓展科目从 2013 年的 60 余门发展至今储备量已达 107 门，板块内容包含体育健身、艺术语言、社会人文和科学技术 4 项，其比例分别为 17%、30%、24%、29%。其中，7 门科目已由教师自主编制校本教材（读本），4 门科目升级为区域共享课程。在上海市校本课程展示活动中，我们的"纸条变变变"、"趣味纸雕"、"袜子娃娃"等科目均成为区域推

荐品牌。教师自主创设的合唱、棒球、篮球、足球、击剑、OM、机器人、戏剧、微电影、书画等形式多样的社团活动深受学生喜爱与追捧。

此外,在初步形成探究型课程实施方案的基础上,我们调整课程总目标,细化核心目标,形成分年段目标,借鉴国际标准化项目管理模式确定了实施模型,编制《探究型课程实施纲要》,编写《探究型课程教师指导建议》,提供教师可视化流程图指导不同类型的探究活动。同时,在内容上将原先深受学生喜爱的"博物馆奇妙旅"活动纳入课程,撷取学生感兴趣的身边小问题,完整设计"书包"、"零食"、"纸系列"等9项"生活中的小问题"主题探究活动。由此,学校两类课程逐步呈现出结构合理、内容多元、自主选择的良好态势。

二、课程需求个性化:尊重个体独特的生命价值

"男孩女孩"性别教育是学校品牌课程,历经10年的探索和实践,获得教育部基础教育课程改革教学研究成果二等奖、上海市级教学成果一等奖。近年来,课程组联合上海教育出版社推出全国首套小学性别教育实验教材《男孩女孩》和家庭版读本;依托区德育室编写了《教学指南》《教育案例》《教师培训课程》;依托上海电教馆的专题教育项目,研发了低年级、高年级两个网络课程;依托性别教育创新实验室研发了高年级数字课程。2015年,学校成为杨浦区"生命教育"研训基地(性别教育研训基地),联手大学、高中、初中10所基地学校,开始主持编写大中小一体的课程指南、学段教材和教师培训课程。

"男孩女孩"性别教育这一品牌课程的建设与成功,给学校带来的最大收益是教师对学生差异的理解、接纳和关注。坚守"关注每一个"的理念,有心理辅导专长的教师组成研发团队,特设了"小星星"特教课程。这是一项满足特殊儿童教育需求的课程,打造心理辅导、特殊教育一体化资源教室,拟定规范化辅导管理制度,设立特教专管员和资源教师的专职岗位,定期规范实施个别辅导。

三、活动课程系列化:丰富学生成长体验的多元活动平台

其一,开展学生规则意识养成教育的实践研究,梳理校园规则,分年段制定目标和

内容。其二,开发"儿童小社会"创新实践活动,确立目标、设计内容、创新形式,通过专家培训、经验交流、案例分享等,凝练"儿童小社会"的实践经验。其三,借助信息技术平台,完善评价指标,形成学生规则意识和创新活动的评价方式,形成《"儿童小社会"创新活动方案集》。该课程内容包括:学生不同成长阶段的入团、入队、"十岁生日"、毕业典礼等仪式教育;依托高校、社区、家长资源开展的"红领巾社区文明宣传日"、"小辅导员一日师"、"五年级校园当家日"等社会实践活动;弘扬民族精神和文化的"传统佳节"系列主题教育等。序列清晰的少先队活动课程为不同发展阶段的学生提供了差异性的、多元的实践土壤,从不同的活动中学习、从不同的经验中学习、从个性化的行动中学习,努力满足每一个孩子的成长需要。

四、主体资源融合化:拓宽孩子的学习时空

我们充分挖掘高校、社区、家长资源,延展课程学习的时空,拓宽学生学习的视野。携手爱国主义教育基地、安全教育基地,带领学生走进消防支队参观班务,学习消防安全知识;走进中国武术博物馆,发现武术的魅力,领略中国精神;依托上海理工大学,邀请各学院的教授加盟成立讲师团为孩子们开设"精彩讲坛"课程;与大学生社团联合,开设各类自主拓展活动;借助上理工大学场馆资源,开发"寻访上理工"课程;引入"海星之家"社工,为低保家庭孩子开设"大爱之行"培训;聘请社区民间艺人来校为学生开设手工制作"变废为宝"、"麦秆画"课程;积极加入社区"五校联盟",以科技创新为核心开展跨校科技周活动;向新生家长发放《家长指南》,招聘家长志愿者,共同参与博物馆课程的设计与实施,开设各类讲座,近年来,各类志愿者积极参与学校各项课程活动,累计达千余人次。丰富的学校课程内容促成了学校、社区、家庭三位一体的教育资源共享与联动,成为学校课程建设与发展的源头活水。

第二节 架起一座这样的桥

上海理工大学附属小学是杨浦区一所公办小学,现有 40 个教学班,学生 1367 名,

教职工 118 位。大体量、大规模的学校,课程建设如何满足每一个孩子不同的学习需求是一个难题。学校迎难而上,主动作为,借助高等教育优质资源,让大学课程资源融入小学课程建设,为每一个学生走向学习搭建桥梁。依托高校优势资源,学校三类课程齐头并进,尤其是拓展型、探究型课程获得蓬勃发展。

一、借助大学人力资源,让课程呈现多样

小学生爱玩爱探索。从兴趣出发,我们将大学实验室开发成小学生探究活动平台,以目标、内容、评价作整体设计,带着孩子们走进大学实验室,探索体验实验的乐趣。

小学生总爱问为什么。从满足求知欲出发,我们借助大学教师资源成立了"大教授讲师团"。在每年 6 月的讲座日活动中,他们为孩子们先后开设了食品检测、印刷技术、生物医药等 13 项讲座课程,解答"人体冰冻后还能复活吗"等千奇百怪的问题,引导孩子探索科学世界的奥妙。其中动力机械学院的杨爱玲教师围绕孩子们关心的"飞机为什么不会掉下来"这一问题,开设了空气动力学讲座,收到了轰动效应。当孩子们发现依据空气动力学原理制作的纸飞机,比原来做的飞得更高更远时,瞬间成了杨教授的粉丝,追着问更多个为什么。小学生的热情点燃了大教授的激情,钱炜教授甚至带来他的研究生团队,亲自指导小朋友开展"科技创新"大赛,让孩子们一个个天真的想法变成可触可摸的现实。金晓蕾同学的"果酱涂抹器"创意在钱教授及其团队的帮助下还变成了一个小发明,孩子对科技的热情空前高涨,更增强了孩子的学习自信。

小学生爱唱爱跳,各具天赋,各有特长,从满足不一样的个性特长出发,我们先后聘请近百个大学生社团每周定期走进学校的自主拓展课。大学生们纷纷成了孩子们活动的指导员,为孩子们开设的兴趣课多达 20 余门,如摄影入门、日本印象、德国风情、魔方、Tops、头脑 OM、戏剧等,深受孩子欢迎。更多的大学生凭借自身在体育、艺术、人文等方面的特长,带领我们的孩子徜徉于课程的美好之中。

二、依托大学文化资源,让课程走向多元

上海理工大学是一所以工学为主,融理学、管理学、经济学、文学等多学科发展的

上海市属重点大学,拥有深厚的文化、科技底蕴。依托大学优质资源,我们充分挖掘大学人文和科技课程资源的特色,依据小学生年龄特点,开设"寻访上理工"探究课程。学生参观大学校园,近距离观赏"上海市优秀历史建筑群",见证大学的百年沧桑,体味校园建筑这一"凝固的音符"之美;走进坐落在校园里的校史馆、上海印刷博物馆及多个国家级的实验基地,树立"科技兴邦"的学习志向与动力;拜访日本、英国、美国、德国以及亚欧文化交流中心,感受异国文化魅力,增强国际理解。小学生走进大学校园,徜徉、饱览,学习、思考、体验、探索……留下一串串成长的足迹。

此外,为促进学生更多地了解多元文化,更好地尊重差异,学校还联系大学外语学院、国际交流处,聘请外籍教师来学校为低年级学生开设"酷听说"口语交际课程。大学国际交流处还把加拿大、美国、日本等地的文化交流活动引入学校,邀请我们的学生走访芬兰驻上海领事馆,感受异国文化,增强沟通交流的能力。

三、打出评价组合拳,让课程彰显师生精彩

为进一步促进学生全面健康成长,促进学校课程建设的良性发展,学校在三年规划中调整奖励方案,特设"拓展型、探究型"课程开发奖,表彰在学校课程建设中表现突出的教师,激励更多有特长、有思考、肯干实干的人投身学生课程建设。2013 年起,大学教育发展基金会又为附属学校在课程研发、课堂教学改革中敢于实践、勇于创新的教师设立了"罗曼创智奖"奖教金。4 年来,我校共有 12 位教师获奖,1 位教师荣获最高荣誉"金教棒奖"。大学更为附小设立了"上理之星"奖学金。从 2008 年起,"上理之星"共设置了科技、艺术、体育、公益、自强 5 个单项奖的评选,鼓励更多的学生学会学习、学会创造、学会探索。至 2016 年大学共拨奖学金 27 万元,近 600 人次先后得到表彰。

组合出拳,学校课程建设更为生机勃发。学生在各种社团里享受学习的快乐,在各类活动、竞赛中体验成功与失败,获得发展。2013 年,学校 OM 社团代表中国参加在美国举办的"世界头脑奥林匹克"决赛并荣获亚军,该社团 2014 年又获亚洲"十项"创造力大赛金奖。合唱社团 2015 年荣获上海市"第 5 届全国中小学艺术展演(上海赛区)合唱大赛"一等奖,同年荣获第 33 届"上海之春"国际艺术节精品展演金奖。棒球队 2014 年荣获"中国 PLAY BALL"上海赛区冠军。羽毛球队 2015 年荣获上海市第十

五届学生运动会女子团体第一名,2016 年荣获上海市青少年羽毛球锦标赛女子团体第一名。篮球队 2016 年获上海市学生运动会篮球比赛(中小学组)男子亚军、女子季军。近年来,学校科技、艺术、体育教育成果在杨浦区始终保持领先水平。

第三节　奇妙旅程从这里开始

博物馆作为一种社会公共文化机构,不仅为学生提供了各种优质的专题学习机会,而且起到了良好的文化欣赏、陶冶、教化和传承的重要作用。与学校相比,博物馆在资源的拥有、知识的呈现、教育的目标、教育的形式等各方面都有其独特性、专业性、直观性、开放性,能与学校教育形成良好的互补。借助博物馆资源优势,因地制宜地开设"博物馆奇妙旅"课程,将更好地丰满学校课程的内容,更好地丰富学生的学习经历和体验。

一、合理选择场馆资源,促进课程系统化

学校通过各种渠道了解到上海拥有几百家可供学习、参观的博物馆,每一个博物馆都具有其相关的专业性和独立性,但不是所有的博物馆都适合小学生,我们从多种角度思考、梳理了博物馆资源,选择了其中 32 家较为适合小学生的博物馆。例如,从学生知识基础来看,儿童博物馆展示的内容是一些较为简单的航船、天文、通讯等知识,较适合于低年级学生;航海博物馆比儿童博物馆中的航海知识更为专业、更为丰富,较适合于高年级学生。又如,从课程整合的角度来看,博物馆可以与学生学科学习、探究活动相结合,结合二年级学生的探究主题生活中的饮料,我们选择了与饮料有关的乳业博物馆及相关的饮料生产基地,为学生的探究活动创造有利条件,拓宽学习空间。

为了增强"博物馆奇妙旅"课程实施的可行性,我们还根据博物馆的活动项目、活动内容、活动要求等因素,将 32 个场馆划分为必修场馆和选修场馆(如表 2 所示)。必修场馆由学校统一安排、组织学生观摩。选修场馆主要利用亲子活动、假日小队等形式,由学生根据自己的需要选择性地开展博物馆实践活动。选修与必修的设置既丰富

了学生校内外的生活,也使得课程更适应学生自我发展和个性化的学习需要。

表2　各年级博物馆(选修与必修)实践活动的设置

年级	博物馆名称		
	必修	选修	
一	中福会少年宫	海洋鱼类馆	昆虫馆
	儿童博物馆	海洋水族馆	"动漫"博物馆
		森林公园	眼镜博物馆
二	东方明珠	上海玻璃博物馆	上海造币博物馆
		上海科技馆	上海铁路博物馆
	饮料生产基地	植物园	上海邮政博物馆
三	上海科技馆	自来水科技馆	海洋研究所
	铅笔工厂	航天博物馆	上海消防博物馆
	蛋糕制作基地		
四	中国武术博物馆	上海科技馆	美术馆
	消防博物馆	上海汽车博物馆	上海气象博物馆
五	上海博物馆	烟草博物馆	上海地震博物馆
	上海城市规划馆	上海公安博物馆	印刷博物馆

二、明确课程实施要求,初显活动规范化

　　围绕课程目标,学校根据各年级学生的学习基础和特点,确定各年级学生的活动目标,并选取相关博物馆,设计相关活动内容。设计课程内容时,我们遵循一场馆一设计的原则,考虑与主题活动相关的场馆,设计与之匹配的具有探索性的活动项目。在此基础上,再以"创新实践"为主题,设立活动内容,确定相关的活动要求或细则,并通过拓展、探究型课程共同实施(如表3所示)。

　　在博物馆课程的实施过程中,要求每一次活动都必须有学生、家长、教师、场馆志愿者共同参与,履行好各自的职责。教师当好指导者、组织者的角色,学生当好探索者、体验者的角色,家长当好服务者、配合者的角色。例如:在三年级的上海科技馆活

表3 各年级博物馆实践活动要求(细则)

年级	必修场馆名称	活动目标	活动建议
一	中福会少年宫	1. 了解儿童团的历史,能完成简单的活动任务。 2. 积极参加各种动手小制作活动,提高动手实践活动的兴趣。	一年级 入团活动
	儿童博物馆	1. 了解简单的星座、航海、航天、通讯知识。 2. 能根据自己的观察,完成活动任务,并能大胆地说出自己想知道的问题。 3. 尝试用自己的方式记录下感兴趣的内容。	
二	东方明珠	1. 能认真观看场馆中的展品、影片,从中简单了解老上海风貌。 2. 能够把看到的老上海的相关信息告诉他人。	二年级 入队仪式
	饮料生产基地	1. 认识各种类型的饮料,了解可乐、养乐多、牛奶的相关知识。 2. 能根据自己的需要选择合适的饮料,初步了解饮料制作过程。 3. 在参观过程中,根据自己看到的情况,思考问题,或者提出自己感兴趣的问题。 4. 能与伙伴共同解决问题,从中获得成功的快乐。	可与探究主题生活中的饮料相结合
三	上海科技馆	1. 了解动物、热带雨林、地球环保知识。 2. 根据要求,在教师提供的场馆中完成信息的搜集工作。 3. 根据自己的观察以及与伙伴的交流,找到自己想进一步学习的问题。 4. 能根据要求,完成活动任务,从中感受到自然的美好,保护环境的重要性。	可与学校主题活动相结合
	铅笔工厂	1. 了解铅笔的生产过程和发展历史。 2. 通过参观生产流程,发现对铅笔感兴趣的问题,并尝试解决。 3. 提高环保意识,养成文明参观的习惯。	
	蛋糕制作基地	1. 了解蛋糕的发展历史及制作过程。 2. 通过参观蛋糕制作基地,能够提出与食品有关的问题,并尝试解决。 3. 知道食品安全的重要性,感受互动带来的快乐。	可与三年级十岁生日活动相结合

年级	必修场馆名称	活 动 目 标	活动建议
四	消防博物馆	1. 了解消防安全的重要性,能够知道遇到危险时的逃生方式。 2. 从场馆中搜集有关消防的知识,并根据信息资料提出自己对消防的认识及想法。 3. 学习安全逃生的方法,并能够掌握。 4. 提高自我保护意识,锻炼学生处理问题的能力。	
	中国武术博物馆	1. 通过对场馆内信息的搜集,对武术的相关知识有所了解。 2. 通过场馆互动体验活动训练反应、敏捷等能力。 3. 通过自主设计活动路线,自主实践,锻炼学生处理实际问题和适应社会等综合能力。	可与体育与健身学科中五步拳、少年拳的学习相结合
五	寻访上理工	1. 走进上理工搜集有关信息,通过对信息的分析,了解上理历史,感受上理文化,为自己是上理人感到骄傲。 2. 根据活动任务及要求,与伙伴共同讨论、制订活动方案,自主完成任务。 3. 遇到问题或困难,能敢于面对,尝试利用周围资源,齐心协力共同解决。 4. 能根据观察的现象,尝试提出自己的想法,对科学产生好奇和兴趣。 5. 文明参与活动,磨练意志,能帮助身边有需要的人,能与他人交流,能适应高校的学习环境。	可与五年级学生毕业活动相结合
	上海博物馆	1. 根据任务内容,搜集信息,了解青花瓷、民族服装等民族文化,能对民族文化、中国历史产生兴趣。 2. 能以小队合作的形式,自主在场馆内完成活动任务。 3. 能简单地向父母介绍一种展品,从中感受到文物给自己带来的快乐。 4. 在场馆中,学习文明参观的方法,并能与伙伴互相监督,互相提醒。	可与美术学科"青花瓷"的教学活动相结合
	上海城市规划馆	1. 了解上海简称的来历和上海的发展历史。 2. 在活动中,了解上海的衣食住行,上海的著名区域,以及城市规划情况。	

动中,教师活动前对场馆进行实地考察,设计了"诺亚方舟登舰卡"的活动任务;20多位家长作为志愿者受聘共同参与,学生则以小队形式合作完成场馆任务。每一个要求的落实,使得每一次场馆的活动流程更具规范性,确保了博物馆活动的顺利进行,从而保证了活动的实效性。

三、符合学生身心特点,凸显活动趣味性

博物馆课程一般以学生带着小课题进入的方式展开,以活动小报、PPT演示等形式呈现活动成果。起初,因感觉新鲜,学生乐于接受。但是随着时间的推移,及学生学习兴趣的改变、学习需求的不断增长,这样的方式变得单一机械,甚至一定程度上变成了负担,学生对其兴趣锐减。为改变这一现实问题,教师开始关注小学生身心特点,在任务单的设计中转向凸显趣味性。譬如,武术博物馆活动,就设计成由学生带着"英雄帖",在规定时间内入馆自主探寻,参与博物馆互动区域内的游戏活动,以游戏的方式达成任务目标,并完成自我评价。课程内容及评价设计因趣味性的增强而变得更贴近学生,受到了学生广泛欢迎。

四、设计奇妙旅程"护照",关注评价的综合性

课程评价主要依据一定的评价标准,通过系统地收集有关信息,采用各种定性、定量的方法,对课程全过程做出价值判断并寻求改进途径。但博物馆课程的评价设计标准、方式有其相对特殊性,主要集中在无法对每一博物馆进行统一的衡量这一问题上。在评价上如果设定为统一的标准会导致标准僵化,脱离学生实际。为此,我们调整设计思路,通过"博物馆奇妙旅护照"对学生5年的博物馆活动进行总体性评价。通过"护照",每位学生可明确5年内必须或可去参观的博物馆及相关活动要求;可以实时记录学生在每个场馆活动中的具体表现;还可作为学生经历5年博物馆活动的纪念,留下成长的足迹。教师根据学生活动的全过程、活动的效果、当场展示的情况进行综合评价,并记录在相应的"博物馆护照"上,鼓励孩子积极参与博物馆实践活动,让每个孩子能在5年的时间内走进更多的博物场馆,并从中获得更多学习体验。实际操作中,"博物馆奇妙旅护照"体现了其综合性,既关注学生的活动过程,又注重活动成果的

呈现,还易于教师具体操作,也便于学生保管留念,颇具实效。

五、经历奇妙旅程,体验其乐无穷

博物馆奇妙旅课程的有效实施应以生为本,从学生实际出发进行因地制宜、因人而异的灵动规划与设计。

(一) 巧妙运用场馆资源,感受场馆的神奇

博物馆具有资源丰富的特征,但再丰盛的资源也需要贴近参观者的身心特点,不然很难引发参观者的兴趣。根据学生年龄特点,选择好资源、有效地利用资源是学校课程建设的智慧体现。譬如,在上理工大学寻访活动设计中,我们发现大学虽底蕴深厚,但也因其过强的专业性较脱离小学生认知基础与生活实际。因此,活动前我们研发团队教师多次亲赴大学实地考察,从学生的提问出发寻找与之匹配的实验室,再根据实验室特点设置与学生年龄特点相适应的活动内容。步入光电实验室了解激光,发现激光的神奇,参与环境科学实验室活性炭过滤水的课题研究等,深受学生喜爱与欢迎。小眼睛看大世界,正如孩子们活动中的惊叹,"我看到真正的激光了!"他们惊叹科学的神秘,惊叹科学技术的奇妙,更为自己能够走进如此神奇的世界而感到骄傲。巧妙地去筛选,去重组资源,让孩子不虚此行,激发他们对知识、对科学乃至对生活的热情,博物馆课程才有真正的立脚点。

(二) 巧妙设计活动旅程,体验活动的奇特

活动不是一次"过场",不是单一地去改变一个学习场地,把学习从教室简单地搬迁到场馆。它更应是一段"旅程",在这段旅程中应该有知识的探索、社会化关系的构建、激情与乐趣的心理体验,哪怕是"失败"也是一种宝贵的积淀。我们根据各年级学生的身心特点和认知基础,设计不同的活动路径。譬如,让四年级学生以小组合作方式,在经费限定的条件下于规定时间内赴上海博物馆、上海城市规划馆和南京东路步行街依次完成7项探访任务。活动中,孩子们谋划经费、解决问题、协调矛盾,亲历许多在课堂中,在教师、家长身边从未体验过的实际状况、身心感受,体验成长,收获成长。这样的"旅程"设计是学校课程建设努力把握的主旋律。

(三) 巧妙拓展活动外延,尽享创意的新奇

一场活动的结束,更多意味着一段新旅程的开启。我们还根据场馆活动内容特色,拓展以创新为核心的后续活动。学生可以将在场馆活动中的所见所闻所感通过各具特色的创意活动表现出来。譬如,三年级"亲近自然"为主题的上海科技馆之行,在参与"动物世界"、"生物万象"、"蜘蛛馆"和"地球家园"四个主题活动后,孩子进行了"超级变变变"创意拓展活动。借助在场馆活动中通过观察获得的个性化经验,他们或独立设计编排,或几人组团模仿动物万象,乐此不疲,妙趣横生。当看到由孩子自己扮演的"变色龙"随着环境变化身上的颜色也发生变化时,看到一只"蝴蝶"从"毛毛虫"开始到最终"破茧而出"时,看到一群快乐的"小鱼"在水中嬉戏时……我们知道创造力正以这样独特的方式在我们眼前绽放。

第四节　玩与学合一,体验成长

少先队校本课程也是一门以学生为主体,以玩与学为核心,让孩子们在少先队组织中快乐学习、快乐实践、快乐创造的活动类课程。快乐的少先队活动课程,应充分发挥孩子们玩的天性,让孩子们在活动中尝试团队合作,在实践中探索、体验和创造,人人在活动中收获属于自己的精彩。

一、满足孩子成长需要的少先队课程活动

小学生是一群 7 至 12 岁的少年儿童,这一成长期的孩子最基本的需求之一是玩。学校少先队课程的开发遵循这一特点为孩子们提供主体参与的平台,让他们在玩耍中认知,在玩耍中交往,在玩耍中探索,在玩耍中创造时空。

(一) 构建循序渐进的少先队课程内容框架

在少先队校本课程的研发中,我们首先将一至五年级的少先队教育内容进行了梳理、归纳和统整。融少先队仪式、中小队活动、博物馆探究、高低年级手拉手、社区实践

和快乐争章等活动为一体,把课程分为低年级的"苗苗"课程和中高年级的"红领巾"课程,并根据不同年级学生的年龄特点,对每一个项目进行具体的设计(如图1所示)。

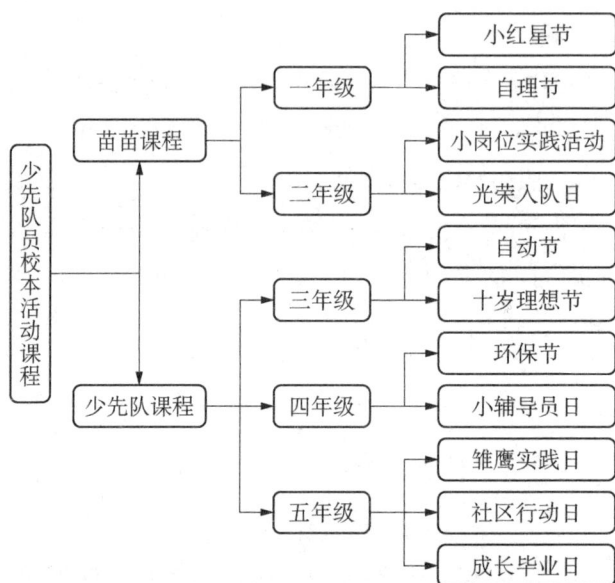

图1　少先队员校本活动课程示意图

以二年级"光荣入队日"为例:学生在为期两个月的时间里参与"好习惯积星行动",聆听高年级少先队员的辅导课,学习少先队知识、掌握少先队技能,争取好习惯奖章,最终在"六一节"前夕参加庄严的入队仪式。

以四年级的"环保节"为例,各小队队员在为期一个月的活动中,组队共同完成一场环保微讲座、一次社区微宣传、一节"手拉手"微型辅导课、一趟"博物馆探究行",并参与考章。

像这样的分年级少先队活动项目,我们定期举办,活动中有知识的导入,有实践的积累,有奖章的激励,多方位的成长体验编织起了孩子们精彩的成长之路。

(二) 实施自主合作的少先队课程实践活动

不同于其他课程活动,少先队课程关键在于让队员在自己的组织里完成自我教育,强调的是课程实施中的自主、自治和自动。但如何达成这一目标呢? 每一个孩子都有获得当家作主、体验成功的权利,而"争章活动"和"小岗位"都是很好的载体。

争章活动,是以奖章为激励,通过阶段性的自主学习,达到相应标准的一项有意义的少先队活动。我们把它贯穿在孩子们5年的学习生活中,主要有苗苗章、自锻章、星星火炬章、礼仪章、自动章、手拉手章等13枚必修章。其内容包括正确的行为认知、必要的生活技能、自信的交往方式等,涉及面广,活动的形式灵活多样。活动中的成员组成可以因"队"而异,自由组建,辅导员可以是教师、家长、大学生,甚至是高年级的队长。

人的成长离不开实践,有实践才有感知,有实践才能有创造。"小岗位"就为孩子们提供了多样的实践场所和岗位:手拉手中队里的小教师、班级里的责任岗、社区里的宣传员、新村里的小记者、空巢老人家的小管家等。岗位活动由教师辅导队长,队长带领队员,学生在团队中进行自主设计、自动规划。丰富多样的岗位活动帮助队员懂得履行责任,促进队员学习合作,鼓励队员尝试创造,扶助他们逐渐融入集体,融入社会,成为一个自信的社会人。

(三) 发掘内外多元的少先队课程人力资源

古语说"天时地利人和",可见"人力资源"的重要性,用好它便是一股强大的助推力。在学校少先队课程的开发实践中,大学生志愿者就是一股强有力的助力。他们带领学生以小队为单位的自主探究活动、红领巾社团活动,引领着队员们快乐学习,分享成败。家长志愿者的力量也不容小觑,这支队伍中会产生课程讲师、校外辅导员、媒体技术指导员等,他们跟进到少先队不同的课程活动中去,可以帮助队员了解环保的意义,可以摄影摄像为孩子们记录下活动中生动的画面……哪怕是学校的最普通员工也可以是很好的人力资源。在五年级成长实践日里,低年级的每一位任课教师都是"小助教"的导师,清洁工阿姨、食堂阿姨会手把手指导"小员工"做好保洁与捡菜,门卫叔叔会向"小保安"示范如何维持进出校门的秩序……邀请他们参与,他们扶持并见证着学生成长,这些校内外的人力资源是少先队课程建设不可忽视和缺失的力量。

二、符合孩子成长特性的课程辅导方式

作为一门玩中有学、学中有玩的儿童课程,少先队活动辅导的艺术直接影响到孩子们学习的质量。在活动的实施中,我们摸索出以下的辅导方式可以为学生带来别样

的体验。

启发诱导式。诱之以趣,生动地表述活动内容,根据孩子的好奇心理组织活动;诱之以善,善于捕捉孩子们的美的行动,善的言语,及时发扬;诱之以奖,用奖章奖品等激励队员争取新的进步。

榜样引领式。课程活动中,红领巾哥哥姐姐可以带领绿领巾弟弟妹妹,家长辅导员可以带领各支中小队,大学生志愿者可以带领小学生,优秀队员可以带领普通队员一起活动。

接力棒传递式。有质量的活动高年级传递给低年级;有意义的方案,这支小队传授给那支小队,在传递中不断改进和创新。

竞赛展示式。通过设奖、评优等手段激发孩子奋发向上、合作进取的动力。

实践探索式。根据队员好问的特点,活动前自行设置问题,活动实践中寻求答案,找到问题的解决方法。

三、激励孩子互学相长的少先队课程评价

在少先队活动课程的评价过程中,更需用发展的眼光衡量孩子,评价应成为激励少先队员健康成长的催化剂。而课程的自主性、活动性也决定了评价手段和方法应是立体多维的。玩与学结合,就是让孩子们做主,让孩子们说话,让孩子们尽情地在活动中获得成长的体验和学习的收获,那与之匹配的评价就不同于其他课程的评价,它更关注孩子们学习活动的过程,更注重孩子们在活动中多方面的经历,更注重鼓励孩子们在团队中互帮互学。我们主要探索了以下4种评价方式:

互动式评价。教师可以对学生的表现作出评语;团队成员间也可以互评;如在家庭中完成的活动,家长也是评价者。

跟踪式评价。对于一个阶段的活动,有次序,有过程,点滴积累,对学生活动的过程进行分段的跟踪和评价。

菜单式评价。根据活动项目和达成目标,列出菜单,供学生在活动中自我督促,在活动后有方向、有选择。

团队式评价。以中小队为单位,队与队之间互评,引导队员善于发现他人身上的闪光点,促进发展,完成评价。

特别关注：当一连串的问题袭来

当一连串的问题袭来……
——记"寻访上理工"主题探究活动的实践

文/上海理工大学附属小学　薛　蕾

作为小学教师，或许经常会被学生一连串的问题给问得哑口无言。在与上海理工大学牵手仪式后，有不少学生就对着我问了许多："上海理工大学有多大？"、"上海理工大学为什么叫这个名字呀？"、"上理工大学像我们学校一样有操场吗？"……从孩子们的问题中，可以看到他们的好奇，甚至于想去了解它的强烈渴望。于是，我们将上海理工大学作为学生探究活动的载体，开发"寻访上理工"主题探究活动。

大学究竟可以提供哪些资源？

为满足孩子们的好奇心，学校与上海理工大学取得联系，派出骨干教师进行实地走访。上海理工大学的校园内坐落着上海市优秀"历史建筑群"，校史馆是"爱国主题教育基地"，"沪江国际文化交流园"内有日本、英国、美国、德国以及亚欧文化交流中心，印刷博物馆记录着印刷技术的发展，青少年环境科学实践站里有水处理模拟实验，还有多个国家级的实验室……

怎样用好大学里的这些资源？

在短时间内用尽所有资源显然不可能，为此，学校对资源进行梳理和筛选。

一是结合学生兴趣选择资源。学校根据资源内容及特点，确定了"寻访上理工"的实施对象，并列举资源供五年级学生选择。汇总学生的选项，我们发现孩子们的选择不尽相同，都有自己的想法。但青少年环境科学实践站、光电实验室两项几乎所有人都选择了。

二是依据探究目标确定资源。依据学校《探究型课程实施纲要》中五年级学生的目标要求，确定了"寻访上理工"主题探究活动的目标。

根据目标，在学生的选择基础上，学校锁定资源范围，设计"寻访上理工"探究任务。比如人力资源：上海理工大学学生、本校学生家长；场馆资源：校史馆、国际文化交流园、历史建筑群、青少年环境实践站、光电实验室。

如何有效实施主题探究活动？

一是建构活动模式，促进活动实施。依据学生特点与活动特点，为提高活动的实效，我们确定采用"校内先导——校外探索——校内反馈"的活动模式开展活动。

"校内先导"旨在通过课堂活动指导，帮助学生初步了解本次探究活动的主要任务及相关要求，为校外的活动做好充分的准备。首先，学生自由组合成5人一组，自主选择组长，根据任务内容以及每位组员的实际情况完成分工，并为每位成员"量身定制"评价指标；其次，通过网络等途径，收集与上海理工大学有关的图文资料，拟定前往路线；再次，设计采访大学生的问题，并且进行情境模拟演练。教师的指导则贯穿于整个过程之中，尤其对于活动过程中的安全教育需要重点指导和说明。

为了帮助学生更好地完成任务，每个小组会有一本《活动手册》，同时配备一位家长志愿者以保障安全。在《活动手册》中，注明了活动规则要求，如文明参观、活动安全等，明确了每个活动点的具体内容和要求，以及活动提示，以保障学生活动的正常进行。"校外探索"完全开放，完全自主，学生可以自由选择自己感兴趣的内容。在国际文化交流园中，有的小组选择的是英国中心，有的小组选择的是德国中心，从中去感受不同国家的文化，了解上海理工大学与这些国家的渊源。在历史建筑群中，有的小组选择走进音乐堂去感受它的精致；有的小组选择走进大礼堂去感受它的大气；有的小组选择走进格致堂去感受它的雅致……学生也可以自由编排活动顺序，他们根据自己拟定的路线，自行安排或调整，有的先到校史馆了解上海理工大学的发展史，有的边熟悉校园环境边参观历史建筑，有的则迫不及待地前往实验室去发现激光的神奇……不同的小组，不同的选择，我们尊重他们的每一种选择，因为校外探索只是学生采集各类信息的途径。

"校内反馈"是活动的重要环节,它包含资料的处理、经历的分享、活动的总结。在校内反馈中,教师指导学生将所收集的资料、采访调查的信息,通过阅读、整理、分析、汇总,形成"我眼中的上海理工大学"的小报告。学生结合活动过程中的趣事、突发事进行经验的总结,针对活动中每位成员的表现进行评价。

二是加强家长培训,确保活动安全。"寻访上理工"是一次校内外相结合的探索实践活动,为保证学生活动中的安全,学校为每支学生团队配备一位家长志愿者,并在活动前对家长进行培训,帮助家长明确自己的职责及工作要求。学校要求家长活动中不能随意介入学生解决问题的过程,可依据活动《过程记录表》的要求记录小组的行为表现。学校也提醒每一位家长志愿者在活动过程中以学生安全为第一要务,不容忽视。

孩子们收获到了什么?

在"寻访上理工"的活动中,孩子不单单了解了上海理工大学发展中的故事,更重要的是其自身综合能力的提升,以及作为社会人的真实感受。

譬如,"胜利小组"在活动前,设计了一份前往上理工大学的路线图。他们组很骄傲,认为自己的设计非常圆满,有图有文字。其他小组看了,提了很多意见,他们都不愿意接受,大家都称他们的路线设计图为"蛇形图"。他们带着自信按照自己的路线图去完成任务。校内反馈时,当别人问及他们的"蛇形图"怎么样时,他们原本流畅的交流变得吞吞吐吐了。原来,在执行任务时他们也发现了自己的设计图存在问题。组员小王红着脸说道:"我们在活动中是依靠文字描述顺利抵达大学的,由于路线图在设计时没有标明路名,很容易造成走错路。"孩子们在实践中发现了自己的不足,并且想到了解决问题的办法。刚开始他们并没有意识到自己的路线设计存在问题,假如一开始就直接否定,他们还会发现自己的问题吗?还会收获这样的教训吗?活动之后,我们看到了他们面对自己的问题不再逃避或遮掩,而是去接受和坦然面对。显然,碰过了钉子,才有更深的感受,相信同样的问题这一组不会再出现。同时,也给了其他小组更多的启示。

又如,男生小张生性胆小,平时不愿意与别人多交流。在"历史印迹"的系列活动中,需要完成一个征集"为上理工骄傲的十大理由"的任务,班级同学两两组合,在上理工的校园里展开调查。小张一声不吭地跟着搭档小尹，没想到小尹在执行任务的过程中不小心摔伤了，只得留在一旁休息，任务移交给了小张。在默默挣扎之后，小张终于开口说话了："请问，你觉得上理工让你值得骄傲的地方在哪里？"……就这样，当他在调查中获得第一次成功后，找到了更多与人交流的勇气，他终于能够独当一面地与人交往了，在他的努力下，他和小尹顺利完成了小组交给他们的任务。他变得不再沉默寡言，活动后，还代表他俩的"冲锋小组"分享了他的调查经验。"寻访上理工"的探索实践活动不仅需要写写、画画，还需要学习与陌生人打交道。在活动中，看到像小张这样的被"逼"无奈张开口的还有许多，也看到孩子之间的互助与信任，"不让一个伙伴掉队"不再是每个小组的口号。虽然这里只是一个"小社会"，却让每个孩子拥有了面对社会、适应环境的勇气和信心。

再如，小李是一个养尊处优的男孩，大家都叫他"胖李子"。在那次活动中，与他们小组搭档的家长志愿者因着装原因受伤了。于是，小李主动承担起照顾志愿者的任务，端茶递水、搀扶行走、陪同聊天，照顾得无微不至。这让在场的所有人都刮目相看，原本饭来张口、衣来伸手的他竟然也开始学着照顾别人了。小组在最终的评价中因小李承担的工作发生了变化，对他的评价指标也做出了相应的调整。小李同学在活动总结中说道："活动刚开始，我们忽视了家长志愿者的存在。但没想到她虽然受伤了，却总能在我们最迷茫时为我们指点迷津，感谢她。"活动中的每位志愿者都不参与自己的孩子所在小组，他们从陌生变得熟悉，我们看到孩子从粗枝大叶变得细心体贴，能够看到他人身上的闪光点，变得更加的宽容和大度。

"寻访上理工"是学校将探究型课程与社会实践进行的整合。我们期望有更多资源涌入学校以拓宽学生的学习空间，为"健康、乐群、探索"的育人目标服务，让每一个孩子在主题探究活动中实现"不一样的生命，一样的精彩"。

薛蕾　本文原载《上海教育》2018 年/2AB/2 月 1 日出版

第三章

让学习真正发生

佐藤学说:"保障所有学生的学习权,让他们在学习中体会到快乐,通过互相倾听、互惠学习来得到自我表达的机会,从而了解到自己的力量和责任。"可见,教学的意义在于促进学习的真正发生。好的课堂文化旨在保障所有学生平等的、高质量的学习机会。只有把学生内部的能量发挥出来,才能真正提高学习的效率和效果。

第一节 不思变已不可能

在全球化、信息化和知识社会的背景下,国内外教育发展以迅猛之势迈进了一个新的时代。大家都在思考教育到底应该培养什么样的人?应该培养哪些关键能力和必备品格,才能让当下的孩子更好地健康发展、幸福生活,让他们能更成功地融入未来社会?但回到真实的课堂,我们不难发现,即便教育思潮风起云涌,这里依旧是"躲进小楼成一统"的格局。在过去的几十年里,我们大多还是沿袭工业革命背景下的教育模式,教师更多研究的是课堂中"怎么教",却很少有研究学生及学生"怎么学"。故而当学校提出"不一样的生命,一样的精彩"的办学理念,要求教师在课堂教学中关注学生个体时,教师会为难:"我以前就是这么教的"、"学情看不到摸不着"、"什么是学情差异"、"学生差异怎么弥补",教师的观念和行为均呈现出不同程度的滞后、僵化、固化。

如何顺应时代的发展,引领教师从原有的教学视野中跳脱出来,把目光从只关注教学目标、教材内容转向更关注学生及学生的学习过程,关注学习中的先天个体差异,关注以往生活及学习经验、学习积累对学生学习的影响,将差异视作学习发生、展开的资源,从机械被动的学习转向主动参与体验的学习。也就是说,如何引领教师用多样化的教学实践包容学生的个体差异,顺应学生的差异,培育学生融入未来社会发展的关键能力与必备品格,将课堂和教学重新定义,是学校课程建设凸显及亟待解决的问题。课堂教学的转型给教师带来了不同以往的挑战。了解儿童身心发展规律,了解学习的意义,具备了解学情的基本能力,掌握多样化的教学策略等,均是教师实现"学与教"角色转换所需的关键能力与必备素养,不想变是不可能的了。

第二节　驱动任务铸就核心课堂

为帮助教师实现新一轮专业成长,促进学校新课堂文化的形成,培育学生关键能力与必备品格,我们以具体的课堂教学研究项目"基于小学生认知基础差异的课堂学习方式探究"为载体,聚焦学生学情差异及课堂学习方式,探索从"被动接受"方式向"体验、探究、自主、合作"的学习方式转变。从"顶层设计"、"理念澄清"、"行动突破"至"纵深探索",我们着力在整体规划中形成评价先行、目标导航、行动突破、推向纵深的转化路径,形成一个有主题、可操作的研究场。

2011年,学校首先做的是围绕办学理念与育人目标,明确"关注学情,关注差异"的研究主题,将该项研究纳入学校三年发展规划,立足国家基础型课程校本实施构思重点发展项目与基础优化项目。2012年,语数英学科分别确立相关研究子项目,根据学科特点摸索研究的突破点。数学学科率先开展了"基于小学生学习风格差异的课堂实践研究";随之,语文学科"小学三年级单元整体教学"和英语学科"基于信息技术提升学生英语综合能力"的实践应运而生。进入2013年,项目研究拓展至体育、科技、美术等学科。

但实践初始囿于对儿童学习特质的认识不到位,及相关理论学习的欠缺,各子项目研究总是不得要领,找不准问题。这就需要学校为教师提供学习平台,帮助教师深化对儿童的认识,对学习的认识,对学科素养的认识。因此,我们逐步跟进了相关教师培训项目的设计。从2015年起先后对教师进行了"不一样的男孩"、"依据核心素养,细化育人目标"、"跟随佐藤学做教育"、"重温儿童发展心理学"、"脑科学与儿童学习"等系列有主题、有目标、有内容的校本研修。通过专题讲座、读书交流、案例研讨等方式,帮助教师拓宽视野,提升认识。伴随理念的渐次落地,教师开始接纳差异,包容男孩在学习中的行为表现,也不再抱怨学生能力参差不齐,开始从学习心理学、儿童身心发展特点的视角去解读差异、理解差异,从学科核心素养及学生核心素养培育的视角去思考学习的意义、育人的价值。学校课堂的温度开始回升,师生间的关系更融洽了。

但课堂学习方式的转型不是朝夕之功，如何在理念澄清的基础上，促进教师教学行为的跟进？唯有"咬定青山不放松"，各层级凝心聚力，方得始终。面对究竟什么是学情，如何发现不一样的学情等关键问题，数学组率先依据学科特质及学生年段特点，从2012至2016年持续开展了4年的研究与实践。在教研组层面，数学研究团队从认识学生"学习风格差异"出发，到"认知基础差异"的视角切入，发现并分析不一样的学情；研读学科课程标准，明确数学学科核心能力，寻找与数学核心能力相匹配的教学内容；在教师层面，则不断回归课堂，借助课堂观察工具，通过实践、观察与反思，研究相关教学策略。

在前期研究积累的基础上，2017年数学学科旗帜鲜明地树立起"驱动任务铸就核心课堂"的研究方向，"小学数学驱动性任务的设计与实践"项目应运而生。该研究主要聚焦学科核心能力及学生认知基础差异，研究设计驱动性任务（问题），引导学生经历发现问题、研究问题、解决问题的学习过程，促进学生数学学科关键能力的形成与发展。该项目研究引领着教师不断形成识别学情差异的习惯与能力，努力尝试从过程和方法切入，适度地弱化知识技能目标，去关注学生的学习过程，发现每一个孩子的优势与不足，给出适合于每一个孩子的学习通道，从而形成一支有行动力的研究团队。

第三节　课堂文化的"三度"指标

更新学校课堂文化、转变教学方式的关键因素在于学校对研究过程的管理与评价。为激励教师在理念认同后走向行为跟进，我们秉持"评价先行"的原则，设计课堂观察工具——《"关注学情关注差异"课堂学习观察与评价量表》。

评价量表从课堂温度、难易度、效度三个维度组成学校课堂文化转型的关键要素，旨在引导教师重视课堂学习环境的营造，构建安全、润泽的师生关系，促进学生社会性的发展；引领教师充分关注学生在认识起点等方面的差异，提升解读儿童的能力；引领教师联系生活实际创设驱动性任务（问题），激发学生学习的内在动机，提升学生提出问题、解决问题的创造意识与潜力；同时，通过量表反馈，让教师看见自身在课堂中的不足与成长，反思与改进教学行为；并且留下研习的轨迹，为持续推进课堂文化转型蓄力。

"温度"：主要指向润泽、安全的学习环境。师生互动自然、和谐。学生敢于提出问题，勇于表达自己的想法；教师尊重、接纳、包容个体差异，鼓励质疑、鼓励个性化表达。学生在小组合作学习中互动交流，言行规范、分工明确，活动有序有效。

"难易度"：主要指学情分析、学习任务的设计。教师有了解学生的学习兴趣、学习方式及认知基础差异的习惯与基本策略；能依据学情，基于真实的生活情境创设驱动性问题或任务；基于学情的差异，设计有针对性的课堂练习。

"效度"：除保障80%的学生达成知识技能目标外，主要指向学生在学习活动中的情感、态度、行为表现。学生有挑战高水平学习任务的强烈意愿；探究、体验、思考、交流活动充分；学生勇于尝试用不同的方法解决问题。

我们期待教师持续接纳学生差异，营造安全的、润泽的课堂环境，生生之间、师生之间相互信赖和倚重。要让所有的学生都自然地学习，当遇到疑难的时候能够清楚地说出来"我不懂"，当思路受阻时会毫无顾虑地咨询伙伴与教师，有了新的发现时会乐于与同伴分享，在说出不甚完善的答案时也能从其他同学的答案中获得灵感。我们期待教师基于学生认知基础差异，创设高水准的学习任务，让学生挑战高质量的学习。高水准的学习内容，我们称之为"驱动性任务（或问题）"。这些任务内容不是简单的"是"或"不是"，学生要通过自己动手操作、观察、调研，及充分调动自己原有的知识再将这些知识进行重组重构，并通过与同伴的交流切磋、共同思考才能有所进展。我们更期待教师尊重学生个体思维的多样性，不轻易地占用学生的学习时间，通过创设情境充分给予学生合作、交流、表达的空间与时间，并能及时捕捉与灵活处理学生生成性问题，尽可能照顾到学生的观点和认识，并围绕学生的发现来继续教学，让学生在差异中收获更多。

第四节 以数学学科为例的课堂变奏

案例资源 1：

小学数学学科三年级第二学期课程实施纲要

一、背景分析

《义务教育数学课程标准（2011 版）》（下简称为《标准》）指出"数学课程要面向全体学生"。义务教育是面向全体学生的教育，义务教育阶段的数学课程不能以培养数学家、培养少数精英为目的，而是要面向全体学生，使每一个学生都能得到一般性的发展。《标准》明确指出，"义务教育阶段的数学课程应突出体现基础性、普及性和发展性，使数学教育面向全体学生，实现：人人学有价值的数学；人人都能获得必需的数学；不同的人在数学上得到不同的发展。"

（一）课程定位

面向全体学生，以"尊重差异"为起点，以学生"得到不同发展"为落脚点，设计以"驱动性任务（或问题）"为切入点的数学课程。围绕学校"关注学情，关注差异"的课堂研究主题，确立"尊重差异，自主合作"的课堂文化。基于学校校情及数学课堂中呈现的现象与问题，以"创设驱动性任务（或问题）"为抓手，以推进课堂教学研究为路径，以学生在数学课堂中呈现的认知基础差异为起点进行教学，努力聚焦学科创新能力，创设灵动课堂。根据《上海市中小学数学课程标准》，按教学相关内容与要求，把学科知识分为"数与运算"、"图形与几何"、"方程与代数"、"概率与统计"四板块。根据年级梳理教材知识点，根据学科课程标准按难易程度进行排序；根据学科核心能力，按照其重要性或生活价值再次进行排序。

(二) 教学内容与要求

《上海市中小学数学课程标准》按"数与运算"、"方程与代数"、"图形与几何"、"概率与统计"四板块,本册教材《九年义务教育课本三年级数学第二学期》涉及"数与运算"、"图形与几何"、"数据整理与概率统计"的部分内容,拓展部分的"计算工具的发展"、"长方形周长与面积的最大值与最小值"、"平面组合图形的面积"等内容,及"专题研究与实践"的"物体周长的估计、测量与计算"等内容,相关内容的要求如表4(＊为拓展内容):

表4　三年级第二学期数学教学要求

模块名称	学 习 内 容	
数与运算	分数初步认识	分数的认识与读写
	自然数乘除法	乘除法笔算
		乘除法口算
		乘法估算
		乘除法的意义和关系
		计算器的使用
	应用	会解答两、三步计算的实际问题(速度,时间,路程等)
图形与几何	图形的周长	周长的含义
		周长的计算
	面积单位的认识	
	应用	周长计算的简单应用
		面积的估测
		长方形周长与面积的最大值与最小值＊
		平面组合图形的面积＊
数据整理与概率统计	统计图	条形统计图
	数据处理	枚举事情的各种情况或结果＊
数与代数	计算工具的发展＊	

(三) 学情分析

学生已具备一些数学知识和学习方法,针对本册教材的教学内容,具体如表5:

表5　三年级第二学期数学教学内容

模块名称	知识与技能	过程与方法	情感态度价值观
数与运算	1. 能笔算一位数乘除二、三位数。 2. 熟练地口算积在百以内的两位数乘一位数及相应的除法。 3. 初步能用估算解决一些实际问题。	1. 能够利用已有算理,迁移、探究一位数乘多位数算理。 2. 从实例中归纳乘除法的意义和关系。	初步养成估算习惯,并具备认真的计算态度。
图形与几何	1. 知道面积的含义。 2. 已经建立 1 平方厘米(cm²)、1 平方米(m²)的量感。 3. 能够计算长方形、正方形面积。 4. 知道长方形对边相等。	能够通过长方形、正方形所含面积单位个数的观察比较等活动,计算从而归纳长方形、正方形面积计算公式。	1. 已初步体会不同单位的大小关系,建立量感。 2. 感受公式的简洁性。
数据整理与概率统计	1. 能对事物进行分类计数。 2. 会使用简单的条形统计图呈现统计数据。 3. 能根据统计结果回答一些简单的问题。	已经历数据的收集、分类计数等统计过程。	已体会统计与日常生活的密切联系。
数与代数	初步能用划"正"字、画"竖杠"等方法进行数据的记录。		初步体会符号代物的统计的便利性。

二、课程目标

1. 运算求解。合理运用法则、公式,依据算理进行运算求解,并能根据问题条件,寻求合理的求解途径与方法。《上海市小学数学学科教学基本要求》指出"在数的运算中,口算是计算的基础;笔算是计算的关键;估算是根据条件对计算结果做出推断与估计;简便计算则是使计算的过程简单、便捷"。因此,数学运算的过程可谓是数学思维品质不断形成、优化的过程。

2. 推理论证。依据数学概念和原理创建或选择一系列推理方法,做出有根据的数学推断或进行数学论证。

3. 空间想象。根据条件画出（或作出）图形；分析几何图形中的基本元素及其关系；能想象和描述图形的运动与变化，利用图形分析、揭示问题的本质。学生在经历从现实背景中抽象出图形的过程中，通过观察、操作、想象等活动，加强对平面图形的形状、大小、周长、位置关系的感知与体验，发展空间想象能力。

4. 数学表达。合理运用数学语言（包括文字语言、图形语言和符号语言）表达、思考数学对象，解决数学问题的过程，阐明自身数学观点、见解等。在小组学习时，给予学生独立思考的时间和落笔验证自己观点的机会，然后以小组这个学习共同体为载体，互相交流，培养学生先思后行，能阐述、会表达的能力。

5. 数据处理。用基本的统计量、统计图表等来反映所收集数据的若干主要特征；能结合统计数据开展分析、决策；能理解随机现象，并通过统计信息预测事件发生的可能性。同时，培养学生关注生活中的数据信息，实事求是，用数据说话和做判断的习惯。

6. 数学建模。理解现实问题情境，抽象并结构化使之成为一个数学问题；能运用数学模型解决数学问题，并根据具体的现实情境解读、检验数学结果。学生通过在课堂上解决周长问题，建立周长的数学模型并进行应用，初步经历建模的过程，体会运用数学模型解决问题的便捷性。

三、课程内容

根据《上海市中小学数学课程标准》，按教学相关内容与要求，把学科知识分为"数与运算"、"图形与几何"、"方程与代数"及"概率与统计"四板块。根据本册内容梳理教材知识点，根据学科课程标准按重要程度进行排序（如表 6 所示）：

表 6　三年级第二学期数学教材知识点排序

数与运算	1. 乘除法笔算、口算
	2. 乘除法的意义和关系
	3. 会解答两、三步计算的实际问题（速度，时间，路程等）
	4. 分数初步认识与读写

	5. 乘法估算
	6. 计算器的使用
图形与几何	1. 图形的周长——含义,计算长方形(正方形)周长
	2. 解决有关长方形、正方形周长计算的简单实际问题
	3. 面积单位的认识——平方分米
	4. 平面组合图形的面积(＊)
	5. 面积的估测
	6. 长方形周长与面积的最大值与最小值(＊)
数据整理与概率统计	1. 条形统计图——确定一格(即 1 刻度)所表示的数量
	2. 枚举事情的各种情况或结果(＊)
数与代数	1. 计算工具的发展(＊)

四、课程实施

(一) 教研方式

以学校原有的基准教案为依托,以集体备课为主,根据本年级学情和班级差异,制订相应的课程计划,并且每周进行集体说课。日常教学中,对于教学难点,备课组内经过讨论,达成共识,群策群力,不断突破。根据本年级学生学情,本册教材在四个模块中的学习难点和实施建议如下(见表 7—表 10):

◆ **数与运算**

表 7　三年级第二学期数学教学难点分析(一)

教学内容	学 习 难 点	实 施 建 议
分数初步认识	用带有单位的分数表示离散量	通过平均分的整数除法算式对应表示,予以解释。例: 1 盒巧克力(20 粒),则 $\frac{4}{10}$ 盒有几粒,解释:把 1 盒巧克力(20 粒)平均分成 10 份,每份 2 粒,取这样的 4 份。 $$20 \div 10 \times 4$$ $$= 2 \times 4$$ $$= 8(粒)$$

教学内容	学 习 难 点	实 施 建 议
用两位数乘	进位小标记的混乱导致计算错误	借助左手记数法,帮助记忆进位的数字。
用两位数除	"试商"的快慢	在首位试商,同头无除的基础上,加强一些2和4的乘法。
	商中间、末尾有0时的补0,数位无法对齐	在用两位数乘除的开始,用方格本书写竖式,解决数位对齐问题。
速度、时间、路程	能够理解速度与时间的关系,速度与路程的关系,但不理解三者之间的关系。	根据学生已知"每份数、份数、总数"三者之间的关系,利用线段图,使学生迁移习得知识。

◆ 图形与几何

表8　三年级第二学期数学教学难点分析(二)

教学内容	学习难点	实 施 建 议
平方分米	生活中不用分米,难以建立量感	先由学生画一个1平方分米正方形,然后将纸片剪下来,去验证你所猜测的生活中的1平方分米面积,建立量感。
平面组合图形的面积(＊)	无法找准正确的数据	根据"长方形对边相等"的特征,引导学生找准对边,从而找准所需数据。
长方形周长与面积的最大值与最小值(＊)	对于长、宽、周长、面积四个量的多次计算,会产生匹配错误	提供表格,将计算结果记录表格中 长 / 宽 / 周长=(长+宽)×2 / 面积=长×宽

◆ **数据整理与概率统计**

表9　三年级第二学期数学教学难点分析(三)

教学内容	学习难点	实施建议
搭配——枚举事情的各种情况或结果(＊)	无法列全所有情况,或无法脱离画图解决问题	根据乘法原理写算式,为后续的四年级计算比赛场次和五年级可能情况的个数做好铺垫。

◆ **数与代数**

表10　三年级第二学期数学教学难点分析(四)

教学内容	学习难点	实施建议
计算工具的发展(＊)	割裂学习,没有联系	教学时注意两个共同点:①算筹的满五变横纵对应算盘中的五颗"下珠"变一颗"上珠";②算盘的每一根对应小学数学加减法中的每一个数位。

(二) 教学方法

◆ **任务驱动**

设计驱动性任务(或问题),为学生提供体验实践的情境和感悟问题的情境,围绕任务展开学习,以任务的完成结果检验和总结学习过程等,改变学生的学习状态。任务(或问题)的设计以生活性和高阶思维性为主,有时不乏直接出示易错题和含有重难点的任务(或问题),使学生主动建构探究、实践、思考、运用、解决问题。

◆ **合作学习**

1. 在课堂上坚持实践小组合作模式,使学生在小组合作中,互相点燃智慧的火花。

2. 在小组合作之前,明确驱动性任务(或问题)。

3. 在小组交流之前,尽可能使每位学生落笔写下思考过程或解决策略,以免学优生一言堂,而学习困难学生主动学习的机会减少,其学习热情受到遏制。

4. 营造"润泽"的课堂学习氛围,生生之间、师生之间能够互相倾听,能够阐明自己的数学观点,在交流中求同存异、达成共识,在算法多样化中,进行算法优化。

5. 在合作学习中生生之间互相评价。

◆ **策略运用**

1. 合理利用数学语言解决问题,包括线段图、算式、表格等。

2. 根据本册计算教学的特点,统一规范草稿本的使用,提高计算准确率。

表 11 三年级第二学期数学教学建议

模块名称	学习内容		学习要求与活动建议	课时安排
数与运算	分数初步认识	分数的认识与读写	借助实物、图形,直观认识几分之一、几分之几;知道分数各部分名称;初步认识分数单位,会用算式表示几分之几的含义。	44
	自然数乘除法	乘除法笔算 乘除法口算 乘法估算 乘除法的意义和关系 计算器的使用	1. 结合实例学习笔算乘、除法,初步掌握笔算两位数乘两、三位数为主的乘法,两位数除三、四位数为主的除法;初步掌握口算:"两位数"乘"整十数"、两位数除两、三位数商是一位数的乘除法; 2. 建议学生使用左手计数法,帮助计算; 3. 规范数学草稿本的使用,提高计算准确率; 4. 联系生活、生产实际学习加、减、乘、除法的估算,初步能用估算解决一些实际问题,养成估算习惯; 5. 从实例中归纳乘除法的意义和关系,进行乘除法的验算,养成认真负责的态度; 6. 初步学会使用计算器进行计算、验算、统计,尝试使用计算器探究计算规律。	
	应用		1. 结合学生生活实际提出问题,初步掌握分析方法,用自己的语言口述数量关系,会解答两、三步计算的实际问题; 2. 利用线段图分析"路程、速度、时间"三者的关系。	
图形与几何	图形的周长	周长的含义	理解周长的含义,会计算长方形、正方形的周长,解决有关周长的实际问题。	12
		周长的计算		
	面积单位的认识		通过观察比较等实际操作活动,知道面积的含义,建立 1 平方分米(dm^2)的实际面积观念。	
	应用	周长计算的简单应用	1. 能根据"长方形对边相等"的特征,找准所需数据; 2. 会解决有关长方形、正方形周长计算的简单实际问题。	
		面积的估测	初步学会运用估测的方法估计面积的大小。	
		长方形周长与面积的最大值与最小值*	1. 探索周长(面积)相等的长方形,何时面积(周长)最大(小); 2. 能够利用表格枚举可能出现的情况。	

模块名称	学习内容		学习要求与活动建议	课时安排
		平面组合图形的面积*	运用适当的分割、拼与补的方法搞清图形的组合关系,并寻找必要条件进行计算。	
数据整理与概率统计	统计图	条形统计图	能说出条形统计图的统计内容,会看图比较量的多少,会联系生活实际进行简单的统计分析,并作出判断。	7
	数据处理	枚举事情的各种情况或结果*	1. 通过游戏列出简单事件所有可能发生的结果,渗透排列的感性认识; 2. 能用乘法算式计算出搭配问题的总数。	
数与代数	计算工具的发展*		1. 介绍计算工具的发展,激发学习热情; 2. 知道计算工具发展的 2 个共同点:①算筹的满五变横纵对应算盘中的五颗下珠相当于一颗上珠;②算盘的每一根对应小学数学加减法中的每一个数位。	1

五、课程评价

(一) 学期评价

关注学生学业成果,制订基于单元的学习评价,以书面测验为主,评价采用分项等第制,对每个单元中的概念、计算、应用分别作出评价。

(二) 习惯评价

基于本年级学习学情和本册教材的主要教学内容,针对学生学习习惯,制订了如下评价方式:①日常作业评价。记录学生每日每项作业完成情况,包括课堂练习,回家作业,书面订正等;②草稿本评价。通过草稿本,评价学生作业态度和学习习惯。

(三) 过程评价

教师在课堂观察中,及时了解学生数学学习兴趣、学习习惯,并及时予以评价。学生在小组合作中,自评、互评参与学习的主体精神、表达和交流能力。

六、配套资源与保障

1. 课程标准、教材、教学基本要求、配套练习册、光盘资源。
2. 以校园 ftp 为平台,建立基准教案库,用以教案资源共享。
3. 在活动实施中,涉及的人员、场地的安排协调上,给予制度上的支持与保障。

案例资源 2:

小学数学三年级第六册第六单元活动计划

一、基本信息

教材内容选择:

九年义务教育课本数学教材(上海教育出版社)

三年级第二学期第六册第六单元"几何小实践"

对象:三年级 1—8 班

课时:4 课时

二、背景分析

(一) 学情分析

学生在二年级已经学习并认识了长方形、正方形、三角形等基础图形和多边形的基础上,在这一章节将学习认识它们的周长。面积概念在第五册中是通过"哪个图形大"引入的,对学生来说相对比较容易。周长概念的引入比面积概念难一些,要让学生理解周长的含义"围绕平面图形一周的长度叫周长"是有一定难度的。首先通过呈现贴近学生实际生活的情景,如开展"绕叶子一周"等活动帮助学生直观理解周长的一般含义,即封闭图形一周的长度。通过呈现一些规则和不规则的实物和图形,让学生在亲自动手操作的过程中,领悟周长的实际含义。

在三年级第一学期学习了长方形与正方形的面积的基础上,这一学期将继续研究"周长与面积"及"长方形周长与面积的最大值与最小值"。由于学生已有了关于长方形、正方形的周长都是将四条边的长度逐次相加的概念,因此学生可通过回忆长方形、正方形的性质,将单纯的连加计算转化为更为快捷的计算方法并导出计算公式。

学生探索和发现长方形、正方形周长计算方法,关键是理解周长的含义,掌握长方形、正方形的特征。学生在解决实际问题的过程中逐步领悟不同方法的适应性,逐步实现方法的优化。

(二) 教材分析

《上海市小学数学学科教学基础要求》按"数与运算"、"方程与代数"、"图形与几何"、"数据整理与概率统计"四大板块展开,共包括"数的认识"、"自然数的运算"、"小数的运算"、"等式与方程的初步认识"、"简单的方程及其应用"、"平面图形的认识及计算"、"例题图形的初步认识及计算"、"统计初步"、"可能性"九个单元。本方案选取其中"平面图形的认识及计算"这一单元,就三年级第二学期的第六章"几何小实践"中的三个课例来具体实施。

在提供大量的、形象的感性材料的同时,采用了许多活动化的呈现方式,如量一量、描一描、摆一摆等。教学时,教师应根据中年级学生的特点,给予学生充分的时间和空间从事数学活动,让他们通过观察、操作、有条理的思考和推理、交流等活动,探索长方形、正方形的周长计算方法,及周长相等的图形面积不一定相等。

三、课程元素

(一) 单元(章)目标

本单元(章)主要学习"平面图形的周长"和"长方形周长与面积的最大值与最小值"。学习时,要经历从现实背景中抽象出图形的过程。"平面图形的周长"3课时,"长方形周长与面积的最大值与最小值"1课时。本单元包含"周长"、"长方形、正方形的周长"和"周长与面积",分别从知识与技能、过程与方法、情感态度与价值观三个维度对学习内容与目标阐述如下。

1. 知识与技能(如表 12 所示)

表 12 "平面图形的周长"教学目标

学 习 内 容		识记 A	理解 B	运用 C	综合 D
周长	1. 通过活动积累有关周长的经验。	√			
	2. 能通过测量图形各边的长度求多边形的周长。			√	
长方形、正方形的周长	1. 探索长方形、正方形的周长计算方法			√	
	2. 会计算长方形、正方形等图形的周长			√	
	3. 会解决有关长方形、正方形周长计算的简单实际问题			√	
	4. 通过动手操作,探究"周长相等的图形,面积不一定相等"				√
周长与面积	1. 能通过长方形的面积和一条边长来求长方形的周长			√	
	2. 能通过正方形的周长来求面积。			√	
	3. 能综合运用周长与面积的知识解决实际问题			√	

2. 过程与方法

(1) 通过操作活动积累"周长"的经验以及长方形、正方形的周长计算方法。

(2) 能够通过观察、操作进行比较、分析、综合和类比,从而探索周长相等的图形,面积不一定相等。

(3) 通过观察和动手操作,探究"长方形周长相等时,长、宽与面积之间的关系",初步养成分析归纳的能力。

3. 情感态度与价值观

(1) 通过驱动性任务,逐步体会数学与日常生活的密切联系,感知数学是有趣的和有用的,初步了解数学的价值。

(2) 通过驱动性任务,对日常生活和周围环境中的数学现象具有好奇心,并有探究的欲望。

(二) 单元重点与难点

◆ **重点难点：**

1. 通过量、描的实际操作活动，理解周长的含义。

2. 让学生在探究活动中发现并掌握长方形、正方形的周长计算方法。

3. 通过面积、周长的计算公式求未知数。

(1) 通过长方形的面积和一条边长来求周长，关键步骤是由已知的长方形的面积及一条边长来求出长方形的另一条边长。

(2) 通过正方形的周长求面积，关键步骤是由正方形的周长计算出正方形的边长。

(三) 单元(章)评价

◆ 根据课程标准和教学基本要求，确立以下单元(章)目标评价结构：

表 13 "平面图形的周长"学习评价

序号	学习内容	学习水平			
		A 识记	B 理解	C 运用	D 综合
1	通过活动积累有关周长的经验。	√			
2	能通过测量图形各边的长度求多边形的周长。			√	
3	探索长方形、正方形的周长计算方法			√	
4	会计算长方形、正方形等图形的周长			√	
5	会解决有关长方形、正方形周长计算的简单实际问题			√	
6	通过动手操作，探究"周长相等的图形，面积不一定相等"				√
7	能通过长方形的面积和一条边长来求长方形的周长			√	
8	能通过正方形的周长来求面积			√	
9	能综合运用周长与面积的知识解决实际问题			√	

◆ **学习过程表现性评价**

根据学情和课堂的要求,为了激励学生主动学习,学会学习,提升课堂互动,激发创生智慧,本单元重点关注课堂效度,即自主学习中的提出问题与解决问题的能力。主要体现在学生思考、讨论、发言、提问、创新的状态与质量。

表14 "平面图形的周长"教学过程评价

评价维度	评价内容	观　察　点	评价方式
学习兴趣	活动兴趣	通过观察操作等活动,知道周长的含义。	日常观察 过程记录 表现性任务
	探究兴趣	通过各种方法的研究,推出图形周长公式,获得成功体验。 探究周长(面积)相等的长方形,何时面积(周长)最大(小)。	
学习习惯	交流习惯	用规范的数学语言,有条理地表达自己思路。 能在驱动性问题的引领下,表达自己的想法。 能够提出问题。	日常观察 操作解答 过程记录 作业批改
	操作习惯	能测量并计算三角形、正方形、长方形等规则图形及不规则图形的周长。	
	合作习惯	通过小组合作,得出周长公式,能通过面积、周长的计算公式求未知数。 能在驱动性问题的引领下,表达自己的想法,提出问题,解决问题。	
	练习习惯	会画图解决问题。	
学业成果	计算掌握	会计算三角形、长方形、正方形周长。	书面测试 课堂记录 作业分析 表现性任务
	概念理解	认识周长。	
	方法应用	学习运用所学知识解决有关周长、面积计算的实际情况问题。	

(四) 单元(章)内容与实施

本章的主要内容为"周长"、"长方形、正方形的周长"、"周长与面积"。

课程选择了许多与学生生活息息相关的题材作为教学素材,教学时,要充分发挥这些素材的作用,注重学生已有的生活经验,将视野从课堂拓展到生活的空间,并引导他们去观察生活,从现实世界中直观地积累"周长"的经验。

◆ **教学流程**

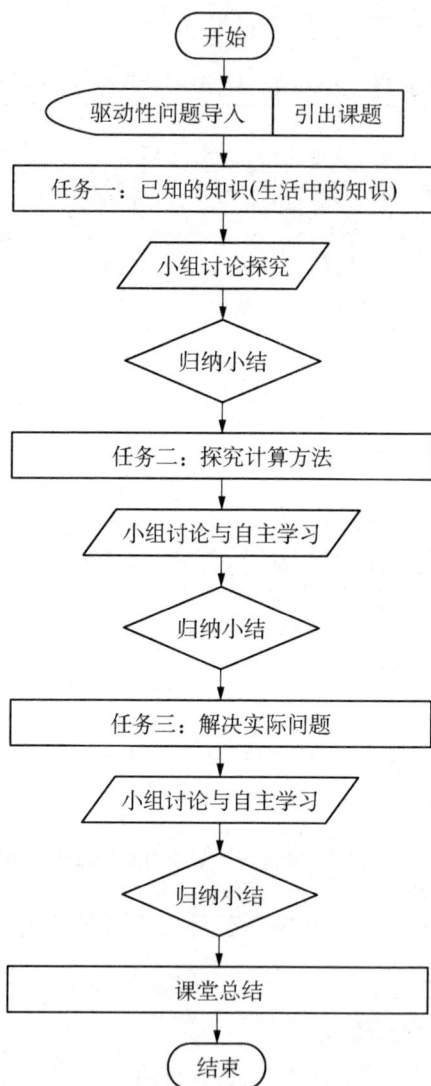

图 2 "平面图形的周长"教学流程

◆ 活动设计

表 15 "平面图形的周长"课时安排

学习任务	认识周长（1 课时）	长方形、正方形的周长（2 课时）	周长与面积（1 课时）
学习目标与内容	1. 认识周长。 2. 能测量并计算三角形、正方形、长方形等规则图形及不规则图形的周长。	1. 自主总结长方形与正方形周长的计算方法。 2. 利用长方形、正方形的周长公式，根据条件正确计算周长。 3. 根据长方形、正方形周长的计算方法，解决实际情境中的简单数学问题。	1. 在已知长方形、正方形面积或周长的情况下，结合已知条件求出对应的周长或面积。 2. 运用长方形、正方形周长或面积的计算方法来解决实际问题。
学生活动	1. 通过观察总结周长。 2. 从生活中的图形中感受周长。 3. 总结周长的定义。 4. 推导周长的计算方法。	1. 在驱动性任务中探究长方形与正方形的图形特征。 2. 收集数据，在思考的过程中自主探究发现长方形、正方形周长的计算方法。	1. 在驱动性任务中，探究面积与周长的关系。 2. 设计情境，解决实际问题。
教师活动	1. 提出问题： (1) 什么是物体的周长？ (2) 它的周长在哪里？ 2. 提供相关资料"规则图形与不规则图形"引导学生探究讨论。	1. 提出问题：情境引入，观察图片，是否公平？ 2. 引导学生在驱动性任务中根据长方形与正方形的图形特征，合理收集数据，从而在思考的过程中自主发现长方形、正方形周长的计算方法。	1. 提出问题：周长相等的篱笆面积一样大吗？ 2. 引导学生在驱动性任务中回忆长方形、正方形面积以及周长的计算方法，并且在反复尝试中感受面积和周长之间的关系。
设计意图	1. 通过思考与思维的碰撞，学生自己能形象地感受到开口图形是没有周长的，只有封闭图形才有周长，从而将周长的定义建立完全。而整个过程也显得比较自然，符合学生的认知结构。	1. 以任务驱动的方式激发学生的学习兴趣，并且让学生自己动手收集数据，学生在测量图形的边长时，会回忆长方形与正方形的特点，从而思考自己到底需要测量几次，测量哪几条边的长度，进而产生一个思维过程，再进一步过渡到思考如何计算长方形以及正方形的周长。 2. 学生把不同的计算方法呈现	1. 通过任务驱动，让学生自主探索在周长不变的情况下，长和宽越接近，则长方形的面积越大，并且在探究过程中，学生不断思考在周长已知的情况下，结合不同的条件，如何对面积来进行计算。 2. 通过一连串的实际情境，引发学生的思维力度，在解决的过程中巩固长方

学习任务	认识周长（1课时）	长方形、正方形的周长（2课时）	周长与面积（1课时）
	2. 通过量一量、算一算，让学生运用周长的知识，计算规则图形的周长及知识的拓展延伸。	出来，互相进行对比，并且让学生阐述自己的测量方法以及原因，从而一同回忆长方形、正方形的特点，并且总结长方形、正方形周长的计算公式。	形、正方形面积的计算和理解，并且培养学生对已有知识灵活运用的能力。 3. 培养学生的自主学习能力。

参考文献：

1.《小学中高年级数学学科基于课程标准评价指南》
2.《上海市小学数学学科教学基本要求》

案例资源 3：

小学数学第六册第六单元课时教学方案
周长教学设计

【教学内容】

九年义务教育课本　数学　三年级第二学期（试验本）P59—61

【教学时间】

1课时（35分钟）

一、背景分析

（一）学情分析

三年级的学生仍以形象思维为主，因此在学生第一次接触周长的情况下，就要想到"围图形一周的长度就是这个图形的周长"则是一个较难的认知过程，建立周长的空间观念则是对学生空间思维能力的挑战。另一方面，学生在日常生活中多多少少积累过一些对于周长的认知。因此,本节课力图让学生通过操作、观察、亲身体验等活动,让学生在具体情境中理解周长的含义,从而建立对于周长的空间观念。

（二）教材分析

"认识周长"是沪教版小学数学三年级下册"几何小实践"这一单元中的第一课时,本节课的内容是在学生初步认识了长方形、正方形的特点,学会了测量长度的基础上展开的,同时也为学生进一步学习平面图形周长的计算打下了基础,是一节起到承上启下作用的课。因此这里的周长概念不仅局限于长方形和正方形的周长,也包含所有规则和不规则平面图形的周长。本节课编排的最大特点是突出直观操作、强调探究过程。

二、课程目标与实施

（一）教学目标

1. 结合具体事物或图形,通过观察、操作等活动,在具体情境中,感知周长与实际生活的密切联系,从而认识周长并能测量及计算三角形、正方形、长方形等规则图形及不规则图形的周长。

2. 引导学生观察图形的特征,通过自主探索、动手实践、小组合作的形式归纳计算各种图形周长的合理方法。

3. 通过自主探索,使学生感受到学习的愉悦,并对数学产生求知的兴趣和积极投入的情感。

（二）教学重点

认识周长,理解周长的含义。

（三）教学难点

感知周长与实际生活的密切联系,通过对周长的理解解决一些实际问题。

(四) 教学评价

表 16 "周长"教学评价表

评价维度	观察点	评价方式	评价指标
学习兴趣	小组活动一：找到5个图形的周长。学生在小组内表现的活跃程度。	教师对学生在小组活动中的活跃程度进行观察，并记录。	A. 积极投入到活动中，并且参与度很高。 B. 有参与活动，但只是完成任务，没有积极融入到小组讨论中。 C. 不愿意参与小组活动。
	小组活动二：找一找数学书与课桌的周长。学生在小组内表现的活跃程度。	教师对学生在小组活动中的活跃程度进行观察，并记录。	A. 积极参与活动，按照要求能够主动为同伴比划周长。 B. 自顾自比划周长，不与小组同伴交流。 C. 不愿意按要求完成任务。
学习习惯	小组活动一：计算5个规则图形的周长。学生测量数据时的操作规范程度以及列式计算的规范性。	1. 教师在学生进行小组活动时，对学生的操作情况进行观察，并记录。 2. 学生课后上交学习单，教师对列式计算的规范程度进行评定。	A. 学生测量时能将0刻度线对齐，并标注数据，不漏单位，之后列出完整的算式计算周长。 B. 学生测量时0刻度线基本能对齐，但有时数据有略微偏差，并且标注时有漏单位的现象，或列式计算时不写单位。 C. 学生测量时缺乏0刻度线对齐的意识，导致数据偏差较大，并且没有标注数据的意识，列式计算字迹潦草。
	小组活动二：计算四块观景区域的周长。学生进行小组合作时的合作情况以及列式计算的规范性。	1. 教师在学生进行小组合作时，观察小组中成员之间的合作情况，并记录。 2. 学生课后上交学习单，教师对列式计算的规范程度进行评定。	A. 学生在小组讨论环节，能够主动表达自己的观点，并且与同伴互动；计算时列式规范，字迹端正，不漏单位。 B. 学生在小组讨论环节，能表达自己的观点，但不能主动与他人互动；计算时列式基本规范，字迹一般但书面保持整洁，不漏单位。 C. 学生在小组讨论环节，始终不参与讨论，不表达自己的观点；计算时列式混乱，字迹潦草，不写单位。
学业成果	(1) 巩固练习：计算四块观景区域的周长。学生计算四块区域周长的正确率。	教师根据学生的实际正确率给予评价。	A. 四块区域全部计算正确。 B. 能正确计算其中3块。 C. 计算正确3块以下。

评价维度	观察点	评价方式	评价指标
	（2）回家作业：练习册。学生回家作业的完成情况。	教师根据学生回家作业的完成情况给予评价。	A. 错误量控制在 2 处及 2 处以内。 B. 错误量为 3 处至 4 处。 C. 错误量为 5 处或以上。

（五）教学流程

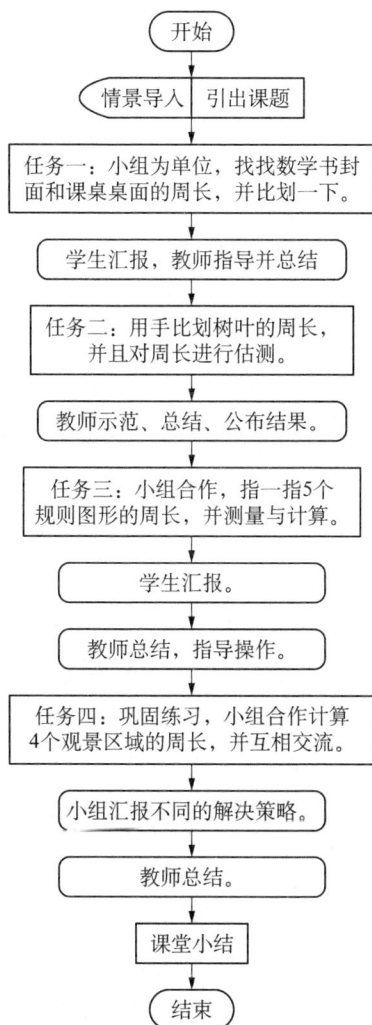

图 3　"周长"教学流程

(六) 活动设计

◆ **情境导入**

(四个小伙伴在操场跑步)

问题：谁绕着操场跑了一周？

学生作答，并说出理由。

教师引出课题"周长"，学生各抒己见，表达对周长的理解。(预设学生表现：绕物体一周的长度就是物体的周长；物体所有的边加起来的长度就是物体的周长；沿物体外面一圈的长度就是物体的周长。)

小结：沿操场跑了一周，这一周的长度就是操场的周长。

【设计意图：由于这是学生第一次接触"周长"这个概念，然而在生活中学生多多少少已有对周长的认识，创设生动、有趣的情境，呈现数学伙伴绕操场跑步的动画演示，激发学生的学习兴趣，并让学生初步感知"一周"和"周长"这两个词语的含义。】

◆ **生活中物体的周长**

任务：以小组为单位，找一找数学书封面与课桌桌面的周长，并向组员比划出它们的周长。

学生上台比划，教师进行指导(注意学生表现，找的是面上的周长，用手指比划。)(预设学生表现：1. 用手指比划，从起点开始到起点结束，正确比划出周长；2. 学生比划的是面积，请其他学生反馈错在哪里；3. 学生动作不规范，没有明确从起点开始，到起点结束，请其他学生指正，教师指导，进行规范演示。)

【设计意图：通过找身边物体的周长，学生进一步直观地感知周长，从而得出图形的周长就是一周的长度；接着让学生找身边的例子来说一说什么是它的周长，并且用手摸一摸它的周长，拓展学生对周长的感性认识，初步认识周长的含义。】

◆ **感受不规则与规则图形的周长**

(1) 任务：一片树叶的周长

出示树叶，学生思考树叶的周长在哪里，请学生上台用手指一指。

教师示范：用绳子把树叶一周的长度进行表示，学生观察。

汇报：学生用手比划树叶的周长，估一估长度大约是多少。说出自己估算的结果。

小结：绕树叶一周的绳子，其长度就是树叶的周长，并公布结论，看谁估得比较准确。

（2）任务：规则图形的周长

提供图形（普通三角形、正方形、长方形、六边形和圆），以小组为单位，每人拿一个图形跟组员指一指、说一说它的周长在哪儿。

展示：学生上台展示所选图形的周长。

讨论：描图形周长时有什么共同点？（<u>预设学生可能提及的观点</u>：1. 要沿着图形的边进行比划；2. 要从起点开始，最后回到起点。）

小结：从起点出发，沿着图形边线绕一周再回到起点就是这个图形的周长。

（3）辨析：是否所有的图形都有周长？

讨论：提供一个图形（开口图形"角"），讨论周长在哪里？有没有周长？说说理由。（<u>预设学生表现</u>：1. 认为图形没有周长，因为无法绕一周回到原点。2. 认为图形有周长，所有线段的和就是图形的周长。对于第二种情况，教师强调一周的概念，以及强调周长要从起点到起点。）

小结：开口图形没有周长，因为它无法回到起点。只有封闭图形才有周长。

【设计意图：通过思考与思维的碰撞，学生自己能形象地感受到开口图形是没有周长的，只有封闭图形才有周长，从而将周长的定义建立完全。而整个过程也显得比较自然，符合学生的认知结构。】

（4）归纳周长定义

师生共同小结：封闭图形一周的长度叫做周长。

◆ **探究周长的计算方法**

任务：测量并计算图形的周长

小组合作：组长分配，组织组员计算 5 个规则图形的周长，并列式计算完成在学习单相应图形下方，并在组内交流计算方法。

汇报：请一个小组汇报计算结果。（注意圆的周长展示过程，重点在仔细与操作的规范性做一点评，对于有其他好方法的同学要及时给予表扬。）（<u>预设学生表现</u>：1. 学生测量时的数据有误。请其他同学现场用投影仪进行示范，教师引导学生总结测量时应该注意哪些点。2. 学生书写不规范，不写单位，或单位写错。同学之间互相指正，进行规范。3. 学生对圆测量。重点关注操作的规范性，并及时指导。）

小结：测量图形各条边的长度，将各条边加起来就是图形的周长。圆形可以借助绳子绕一周或者画点滚动的方法来间接得到周长。

【设计意图：通过量一量、算一算，让学生运用周长的知识，计算规则图形的周长及知识拓展延伸。】

◆ 巩固练习

(1) 下列语句中哪一部分表示的是物体周长。

A. 小胖腰围 72 cm，身高 142 cm。

B. 花坛里种了 36 平方米的花，小明绕着花坛走一圈是 24 米。

C. 自行车车轮转一圈是 175 cm，轮胎厚约 5 cm。

(2) 课本 P60 练习

要求：列算式求四块景观区域周长。以小组为单位交流讨论，并将算式记录在数学书 P60 上，只列式不计算，比一比哪个小组的方法最简便。（预设学生表现：1. 学生 1 厘米 1 厘米地数。2. 学生把每一条边分别标注长度，再全部相加。3. 学生将边进行平移，把原来的图形转换成长方形。）

◆ 回顾总结，布置作业

(1) 练习册 P36

(2) 实践：

① 你能用几种方法求出 1 元硬币的周长？

② 将 3 个边长是 3 厘米的正方形拼成一个长方形，长方形的周长是多少？

◆ 板书设计

周长

封闭图形一周的长度叫做周长。

特别关注：确认过"眼神"，我们遇上对的"力"

学习发生的最好时机是什么？是学生对问题一知半解的时候，是学生自发想要解决问题的那股子劲儿，是"内驱力"推动学生主动探索的那一刻。"内驱力"从何而来？从"驱动性任务"中来。

围绕学校"关注学情，关注差异"的课堂研究主题，从观察课堂现象，到寻找课堂问题,上理工附小数学组的教师们聚焦数学学科核心素养,以"驱动性任务(问题)设计与实施"为抓手,开启了基于学生认知基础差异的课堂教学研究。

什么是"驱动性任务"?

高水准的学习任务,被数学组教师们称之为"驱动性任务(或问题)"。设计驱动性任务(或问题),为学生提供体验实践的情境和感悟问题的情境,围绕任务展开学习,以任务的完成结果检验和总结学习过程等。学生要通过自己动手操作、观察调研,并充分调动自己原有的知识,将这些知识进行重组、重构,并通过与同伴的交流切磋,共同思考才能有所进展。

怎样设计"驱动性任务"?

任务(或问题)的设计以生活性和高阶思维性为主。有时不乏直接出示易错题和含有重难点的任务(或问题),使学生主动建构探究、实践、思考、运用、解决问题。哪些属于数学学科的核心能力?结合小学阶段的数学学科内容布局,可以怎样设计"驱动性任务(问题)",其间又运用了哪些数学思想与方法?我们来看看,上理工附小数学组教师们是怎样做的。

(一)聚焦学科核心能力,借助"猜测、验证"等数学思想与方法,寻找可实践的课例。

(二)围绕学科核心能力及学情差异,设计与板块内容相匹配的驱动性任务。

"关注学情,关注差异——小学数学课堂中驱动性任务的设计与实施"不轻易占用学生的学习时间,在合作学习中教师起到倾听、串联、反刍的作用,等待学生的跳跃。

案例分享
三角形的分类(按角分)

【教学片段回顾】

学生活动:随意画一个三角形并观察3个角的情况。

驱动性任务一(猜测):每个人都只画了一个三角形,三角形3个角除了这几种情况以外还有其他情况吗?猜想一下。

学生①:会不会有3个角都是直角的三角形?会不会有3个角都是钝角的三角形?

学生②:会不会有一个角是直角一个角是钝角的三角形?

学生③:我知道,三角形可以分为锐角三角形、直角三角形和钝角三角形。

学生中有人点头,有人一脸茫然。

学生④:不可能有2个角都是直角的三角形啊,这个形状很奇怪

(……)

驱动性任务二(验证):想办法证明你的想法。过程中解决三角形按角分类的重难点。

【教学片段分析】

这节课,学生原有的知识起点是能够辨认锐角、直角和钝角;认识了三角形,知道三角形是由3条线段围成的图形,它有3个角。然而每个班级都或多或少有学生知道三角形可以分为锐角三角形、直角三角形和钝角三角形,但其认识仅停留在知识表层,也就是"知其然不知其所以然"。基于这样的学情,在设计教学活动时,着力凸显差异,使不同学习能力及学情的学生在相同的活动环节中,都有不同程度的收获与提升。

这节课中总共有3次"画三角形"的活动。

第一次画三角形是学生随意画,展示出来的画法例如:有定3个顶点,连点成线;有随意画3条边围起来的;有直接沿着三角尺描画的;只有少数学生先画出直角或钝角再围成三角形。画完后再判断角的类型,将已经成立的三角形类型进行固化。这是第一次无意识的操作绘画,在过程中学生呈现出了不同的认知差异及学习起点。

第二次"画"是学生对于自己提出的猜测进行验证的过程,每个学生通过动手操作体验三角形中锐角、直角和钝角存在的情况。由于学生学习起点不同,会生成许多个性化的问题,需要教师及时捕捉这些宝贵的生成性问题,而这些问题既是学生差异的体现,也直指本节课的核心问题:明晰三角形按角分,只有3类。

这一环节学生呈现出了较为明显的学习差异。在第一次试教的班级中,对于三角形3个角,学生提出了许多猜测。例如:是否有2个钝角或2个直角的三角形?是否有3个角都是直角或者钝角的三角形?学生一边提出质疑一边又直呼不可能,在这样

一种情况下,教师及时捕捉差异性问题与争论点,学生产生了解决问题的驱动力。

第二次上课的班级也很有趣,当被问及三角形的 3 个角是否有其他可能后,全班几乎异口同声回答没有。这个班级整体学力要比第一个班级强,他们通过想象觉得一个三角形中如果有 2 个直角或者钝角是围不成三角形的,为了验证他们的想法,有的学生开始画图展示他们的理解,还有一个孩子甚至用三角形内角和来解释其原因。通过小组分享,大家不同的理解有了交流的平台。

而在今天的课上,教师又看到有的孩子甚至可以利用其中一种验证结果来推断其他类型的可能性,这又是更高层次的思维能力。在核心问题解决的过程中,不同学生的判断与验证的高阶思维得到了不同的发展,同时发展了几何知识的学习能力,学生思维在问题解决中爆发。在反馈的过程中也能够清晰地看到学生间的差异,有的孩子是无意识的直观验证,有的孩子能借助形象的图形代表性地来解释,然后进行推断。在同一环节的活动中,不同能力的孩子都能有不同的感悟,而这些感悟都有助于他们对核心概念的个性化理解。因此,在后半阶段能听到孩子们用自己的话来表述三角形角的特点,这些语言生动形象,不拘泥于课本,更适合学生理解。

第三次"画"则体现了整节课学习后,学生经验的积累与运用。学生经历多次体验和感悟后,从一开始无意识的画三角形,到最终能根据角的特点,先画最大的角再完成整个三角形,形成一定的策略意识,也达成了本节课的学习目标。

整节课的活动设计,其过程指向呈现学生差异、捕捉差异,提升不同学生解决问题的能力;而其结果直指教学目标,最终落实本节课所要达成的学科知识点要求。

初探"驱动性任务",带来怎样的思考?

课堂中呈现出一讲到刚学完的知识点孩子背诵如流,可是转一个弯,就云里雾里不明所以,其问题不在于我们教了多少,教得多好,而在于学生可能真的从来没有学会过,他们只是记住了知识。每门学科的核心概念并不多,但十分重要,因为它们是可迁移的,理解了它们,思维便能超越主题和事实。知识是学不完的,思维才是重点要学习的。美国学者大卫·铂金斯(David Perkins)提出过一个巧妙的比喻:脆弱知识综合征。值得注意的是得这一综合征并非只是"学困生"的专利,"好学生"也不例外。一时能做对题,考试成绩也不错,但随着时间的推移,拿不出更多的证据来证明他们已经掌握这些知识,更不用说将学到的知识运用到外部世界了。这往往是因为课堂学习仅仅关注了知识学习的结果,而忽视了学习的过程,学生掌握的是惰性的、幼稚的、模式化的知识,并没有真正地理解,唯有通过建立知识间的联系,开展对知识的体验与探索,并运用知识解决生活中的问题,才能转化成真正的能力。

"课程标准"强调学生的学习从生活经验和认知水平出发,倡导体验、实践、参与、合作与交流的学习方式和任务性的教学途径,发展学生的数学学科素养。这要求教师进一步聚焦课堂,加强学生的学情分析,发现课堂中存在的真实问题及学生间的差异。尝试设计驱动性任务,致力于使不同学习能力的学生在相同的任务中都能取得不同层次的提升,以此回应这种差异的呈现。

任务驱动学习是数学学习中的一种学习方式,是在教师的帮助下,学生以解决一个共同的数学任务为目的,积极采取各种方法和手段获取资源,通过思考、合作进行的一种学习过程。它可以提高学生学习的参与性、协作性和独立思考能力,可以提高学生学习数学的主动性、积极性和创造性,有助于培养学生的思维能力。

学校的研究抓住核心概念,达到"少就是多"的效果,形成大家共同的追求:把学生置于教学的出发点和核心地位,让学生运用学到的知识、技能和方法来充分开展自主学习。课堂学习的进程中,以学习任务的推动代替教师繁琐的提问,充分激发、调动学生学习的主动性。在研究问题、解决问题的进程中,能充分显露不同层次学生的问题,促进教师对课堂生成性问题的关注与把握。在解决驱动性任务的过程中,形成平等对话、合作互惠的师生学习共同体。在共同的学习中,使不同层次的学生在学科基础素养及创新能力上都获得发展。

（本报道出自微信公众号"第一教育",2018 年 7 月 28 日）

第四章

每一个孩子都是一个宇宙

　　每一个生命都是一个小宇宙，自带光芒，各具魅力。我们尊重个体独特的生命价值，怀着好奇，探索与发现蕴藏其间的潜力，让"关爱生命，尊重差异"的主旋律在师生间奏响，在陪伴生命成长的过程中，共同获得崭新的体验，唤醒成长的内在动力，让每一个生命都迸发出璀璨、独特的光。

第一节 和男孩女孩一起走进"爱与性别"

性别教育是当今学校教育不可回避的重要问题。但是当前家庭、社会、学校教育中为男孩女孩成长提供的性别教育相关知识与技能相对薄弱,以及由此形成的对性、性别认同、性别平等的意识与观念比较模糊。学校更没有为男孩女孩设置符合他们成长规律的课程,提供适应性的教学设计。

面对上述问题,我们走过了:

一、从一个问题到一堂课

性别教育课程缘起于学生的一个问题"我从哪里来?"2000 年,附小教师为学生上第一堂"我从哪里来",由动植物的繁衍到人类诞生的过程。记得当时孩子们打开父母亲写给他们的信,信里饱含并流淌出的孩子出生后父母亲们激动的心情深深感动了孩子。不少孩子边读边流泪,惊讶生命的神奇,感动双亲对自己深切的爱,整个性别教育都在诠释一个主题——爱与生命。

二、从一个课程到一个成果

由此起步,教师在不断回应孩子的生命成长需求中研发了一堂堂性别教育课——"男孩和女孩""X 和 Y""身体红绿灯"等,学校初步形成了该主题的课程框架。经过 10 年的教学实践,这项课程渐趋成熟,显现出良好的教育成效和社会效应,并荣获全国基础教育课程改革教学研究成果二等奖。

三、从一套教材到一本读本

2011 年 9 月,上海教育出版社联合我校出版了全国首套小学性别教育实验教材《男孩女孩》。学校依据调研结果,借鉴海内外相关课程经验,围绕与小学生性别教育相关的生理、心理、伦理以及身体保护四个方面,将课程内容按"两性的身体成长"、"两性的关系与互动"、"两性的身体保护"三大板块,分低、中、高年段进行设计。通过 18 篇童趣盎然的教材帮助学生树立积极的人生态度、清晰的生命认识、温暖的人际关系、多元的人文视角、关切的环保态度及热爱生命、珍惜生命、敬畏生命的情怀。

低年级段:

初步了解生命存在的形式,以及生命诞生、成长的过程,了解自己是父母生命的延续,学会感恩,珍惜生命;理解生命诞生是偶然的,是尊贵的,珍爱生命;初步认识身体器官,包括性器官和排泄器官,了解清洁身体的重要性及具体方法,养成良好的卫生习惯;认识到男女性格、心理等差异,认同和接纳异性;了解人际互动中身体接触方面的基础礼仪,掌握礼貌待人接物的同时,避免被诱拐伤害的方法。

中年级段:

初步了解性别的产生是偶然的、不可选择的,重男轻女是错误思想;初步了解父母怀胎、生产、养育的辛苦,理解爱的意义,学会感恩;了解感情的不同种类,联系生活中的异性交往,正确理解男女关系;了解父母所代表的男女性别所承担的不同责任,学会亲子沟通的方法,体谅和关心父母;了解身体的隐私部位,以及自我保护的基本准则,不侵犯他人,懂得互相尊重;懂得分辨身体接触后的不同感受,克服怕事、羞耻的心理,对侵犯行为说"不";初步了解被侵犯后的应对措施,相信爱的力量,珍爱生命。

高年级段:

初步了解成长发育将伴随人的一生,性是其中一部分;初步了解第二次性特征,知道身体发育的个别差异和性别差异;了解准青春期心理变化,能坦然面对青春期;联系生活中男女指向性的心理差异,构筑性别身份,理解和悦纳异性。培养基于男女平等精神的两性沟通态度和行为,学会男女生相处的方法;掌握防止被诱拐和性骚扰的知识,增强防范意识;初步了解性侵犯及其严重后果,增强法律意识;对影视、网络、漫画等载体上的不良信息有正确判断能力,培养积极、广泛的兴趣爱好。

◆ 内容结构:

表 17 《男孩与女孩》教学内容

板块	年级段	模块	主要内容
两性的身体成长	低年级	生命的足迹	生命的存在形式和成长
		我从哪里来	生命的诞生和成长
	中年级	生日赞歌	人类孕育过程,学会感恩
		性别密码	男女性别的由来
	高年级	生命如歌	人的不同成长阶段
		走进花季	准青春期身心变化
两性的关系与互动	低年级	男孩和女孩	男女差异和互补
		身体小秘密	爱护自己的身体
	中年级	我爱我家	学会与父母沟通
		不同的爱	生活中的感情
	高年级	性别名片	构筑自己的性别身份
		亲密有"间"	男女生的交往方法
两性的身体保护	低年级	你我碰碰车	交往中的礼仪
		不当小红帽	防止诱拐和伤害
	中年级	身体红绿灯	身体保护与界限
		勇敢地说"不"	学会对性侵害说"不"
	高年级	远离诱惑	信息的甄别和选择
		加强自我防范	防范侵犯,保护自己

◆ 课例

教材中"身体保护"这一内容分布在低、中、高三个年级段,有"你我碰碰车"、"不当小红帽"、"身体红绿灯"、"勇敢说不"、"远离诱惑"、"加强自我防范"6课时的教育。

低年级:了解人际互动中身体接触方面的基础礼仪,掌握待人接物的基本技能,同时知道避免被诱拐伤害的方法。

中年级:了解身体的隐私部位,以及自我保护的基本准则,不侵犯他人,懂得互相尊重;懂得分辨身体接触后的不同感受,克服怕事、羞耻的心理,学会对侵犯行为说

"不"；初步了解被侵犯后的应对措施，相信爱的力量，珍爱生命。

高年级：掌握防止被诱拐和性骚扰的知识，增强防范意识；初步了解违背社会道德和法律的各种性侵犯及其严重后果，增强法律意识；对影视、网络、漫画等载体上的性信息有正确的判断能力，培养积极、广泛的兴趣爱好。

例如：

低年级"不当小红帽"，用学生非常熟悉的《小红帽》故事引出教育主题，让学生判断情境，学习防范小招数。

中年级"身体红绿灯"，根据小学生认知特点设计了"找朋友"、"身体红绿灯"、"亮红灯"等游戏让学生了解身体接触的界限，体会亲密接触后的快乐和不悦的感受，增强判断和识别能力，学会保护自己。

高年级"远离诱惑"，通过玩一玩"网络迷宫"，引导学生学会辨识网络信息，主动回避色情网站；做一做安全上网小测试，引导学生正确判断不良信息，培养健康的兴趣爱好。

综上所述，性别教育是完善人格的教育，是因性施教的教育。教师、家长对性别教育的理解应不止于"性"，而应以更积极的态度去面对儿童的性别教育问题，为学生的健康成长服务。

◆ **成效**

随着该课程影响的逐步扩大，10 年来使上海市内 60 多所小学、41000 多位小学生受益。不仅在杨浦区所有小学全面实施，还推广至河南、广东、内蒙古、甘肃、福建、西藏等地区，并成为广东省小学的配套教材，社会教育效应显著。2015 年，学校成为杨浦区"生命教育"研训基地（性别教育研训基地），联手大学、高中、初中 10 所基地学校，开始主持编写大中小一体的课程指南、学段教材和教师培训课程。该课程的成果荣获上海市教学成果奖（基础教育）一等奖。

第二节　让男孩女孩做自己身体的主人

近年来，媒体不时报道未成年人遭受"性侵"的事件，有些还涉及校长、教师，更令人担忧的是孩子的自我保护知识严重匮乏,不能正确认识自己的隐私部位,遇到性侵害时茫然不知所措,甚至不知道这是危害自己的行为。作为家长和教师该如何引导孩子做自己身体的主人呢?

面对这在以往几乎被完全忽视的教育内容,我校深入思考"安全"的内涵,将其从设施设备到位、重视防灾防暴的层面延伸至生命关爱、身心健康之上。教育最终应谋求孩子健康心理和健全人格的发展,为此,经过十多年小学性别教育课程的实践与研究,我们从"性别意识"、"性别认同"、"身体保护"这三个方面对小学生开展安全教育,编写了全国首套性别教育实验教材《男孩女孩》,首创在课堂中大大方方和孩子们学习讨论"如何做自己身体的主人"。

一、大大方方,在课堂里讨论身体小秘密

当下很多中小学生在家庭中备受呵护和宠爱,但却并不真正懂得如何妥善地保护自己的身体。在危险降临之前意识不到危险,当伤害发生之后又不敢伸张正义、解救自己。这样的案例时有发生,并非个例。因此,帮助不同年龄段的孩子们了解保护自己的小窍门,掌握行之有效的自我保护的方法,加强自我保护的意识就显得尤为重要。

(一) 明确教育目标

性别教育课程针对小学生"身体保护"提出了明确的总目标:

懂得自己是身体的主人,爱护自己的身体,不允许他人侵犯,学会基本的身体保护方法和技能,应对实际生活中的突发事件。

同时,制定了小学各阶段"身体保护"的具体目标:

1. 小学低年级段:初步认识身体器官,包括性器官和排泄器官,了解清洁身体的重要性及具体方法,养成良好的卫生习惯;了解人际互动中身体接触方面的基础礼仪,掌握礼貌待人接物的技能,同时了解避免被诱拐伤害的方法。

2. 小学中年级段:了解身体的隐私部位,以及自我保护的基本准则,不侵犯他人,懂得互相尊重;懂得分辨身体接触后的不同感受,克服怕事、羞耻的心理,学会对侵犯行为说"不";初步了解被侵犯后的应对措施,相信爱的力量,珍爱生命。

3. 小学高年级段:掌握防止被诱拐和性骚扰的知识,增强防范意识;初步了解违

背社会道德和法律的各种性侵犯及其严重后果,增强法律意识。

(二) 设计教育主题和主要内容

依据目标及学生年龄差异,我们分年级段设计小学生身体保护的教育主题和主要内容,引导小学生在课堂里大大方方地讨论"身体隐私"、"保护方法"等话题(如表18所示)。比如:对小学低年级学生提出了"不当小红帽";对中年级学生指导他们大声说出"我不要";对高年级学生详细分析了什么样的性格、什么样的场合、什么样的情境容易遭受侵害。一旦发生意外应该及时依法追究,学会保护自己。

表 18　"身体保护"版块

年级段	教育主题	主 要 内 容
低年级	你我碰碰车	了解身体接触是生命传递信息和情感的方式之一;了解人际互动中身体接触方面的基础礼仪,如:握手、接吻、拥抱等;感受身体亲密接触的快乐和不悦,重视自己对事物的不适感受,懂得亲密行为要适度,学会分辨和观察。
	不当小红帽	知道世界上绝大多数的人都是善良的,但生活中存在诱拐、骚扰、伤害等情况,要提高自我保护意识;思考当遇到有人提出要送我回家等情形时如何机智应对;明辨不要因为个别的案例而因噎废食,对人存有过度戒心。
中年级	身体红绿灯	了解身体有"禁区",即隐私部位,要有自我保护意识,也不要侵犯他人;了解身体保护和秘密保守的基本准则,分辨身体接触和秘密保守的不同感受,学会保护自己;懂得尊重他人也是尊重自己,人与人相处,应该互相尊重。
	勇敢地说"不"	面对侵犯,不要害怕,不要羞愧,要勇敢地大声说"不";了解遭遇侵犯后的应对措施,克服遭遇侵犯后怕事、羞耻的心理,学会勇敢地说"不";了解面对意外和伤害,要冷静机智,知道生命是第一位的;相信爱的力量,通过互相帮助,可以平安渡过难关。
高年级	远离诱惑	了解信息技术改变了人们的生活,网络给我们带来了全新的学习和生活方式;通过调查活动,了解影视、网络、漫画是学习娱乐的方式之一,其中有些内容是不适合未成年人的,学会区分选择和机智应对;提防网络、声讯陷阱,培养积极、多样的兴趣爱好,让生活富有意义、丰富多彩。
	加强自我防范	每个人的身体是属于自己的,有自己做主的权利。要爱惜自己的身体,做好身体的主人,保护好自己;了解关于性侵害方面,例如易受侵害者的心理、对象,以及侵害者身份等,认同性侵犯不一定是陌生人,被侵犯的不一定是女生的观点;初步了解避免遭遇性侵害的方法和技巧,尽力防范,懂得用法律的武器保护自己;基于尊重生命尊严和人性的精神,初步了解违背社会道德和法律的各种性侵犯及其严重后果,增强法律意识。

二、开开心心，为学生活泼明朗地解惑答疑

性别教育中的"身体保护"谈论的话题涉及学生隐私，平静、科学地认识自己身上的"隐私部位"，知晓生男育女的秘密，懂得保护自己的方法，健康安全走进青春期等等都属于"身体保护"范畴，而教育的尺度也确实是存在东西方文化差异的。为此，学校在课程研发中不仅顾及我国文化传统、社会阻力，还基于孩子们的认知特点和生活经验，智慧地运用孩子喜闻乐见的教育形式。例如：阅读绘本、游戏活动、绘画布置、模拟表演等，让有些隐晦的教学内容显得既生动活泼、明朗干净，又小心翼翼、层层铺垫地给出了明确的解惑答疑。

(一) 游戏感知类，提高身体保护的警觉性

我们设计了"找朋友"、"身体红绿灯"、"亮红灯"等游戏，让学生体验在不同情境中的不同感受，体会亲密接触后的快乐和不悦，引导学生相信自己的直觉，了解身体接触的界限，增强判断和识别能力，学会保护自己。

(二) 情境演绎类，远离可能危险的地方和伤害自己的人

我们和孩子一起探讨"身体的禁区"、"画画身体警报器"、"给娃娃穿上合适的衣服"、"识别大灰狼"、"不当小红帽"，在一个个具体的情境中讨论"该不该保守秘密"、"我可以伸出援手吗"等现实问题，学习防范的小招数，练习"勇敢地说不"。

(三) 故事探讨类，获得更多守护生命的"绿树枝"

我们为孩子编写了许多身体保护的小故事，运用故事情节和孩子们探讨《需要帮助的时候，别犹豫》、《法律会保护我们》等，掌握自护自救知识；体验感受《不要让孩子的心流泪》、《有趣的逃生游戏》等，知晓获得更多生存机会的小方法。

三、原原本本，在孩子们的心里植下自然美好的情感

教育应回归本原，我们认为性别教育目的不仅仅是让孩子们了解性别，懂得自我

保护,还要为他们提供阅读自己和自然的角度,包括"积极的人生态度、清晰的生命认识、温暖的人际关系、多元的人文视角、关切的环保态度,以及热爱生命、珍惜生命、敬畏生命的情怀"。性别教育应为儿童正确的世界观、人生观、价值观,以及生命观奠定暖色的基调。

(一)感受人体是自然的、美丽的

无论是社会、学校还是家庭,我们对孩子的性教育往往是缺位的,传统的社会文化中谈"性"色变的观念根深蒂固,未经引导的孩子在两者的影响下常常会产生对"色情"和"艺术"概念的混淆,不少孩子欣赏艺术作品时只要看到裸像就会回避,甚至会产生耻笑、惊恐、厌恶的情绪。关注到这一点,我们就运用"维纳斯"等雕塑的艺术图片引导学生学着欣赏这份以往被忽视或羞于启齿的美丽,化解这份不切当的尴尬,大大方方去感受人体艺术的自然和美好。同时,让学生在潜移默化中学习筛选与辨别"色情"与"艺术"的不同。

(二)懂得照顾自己的身体就是爱自己

自尊自爱和照顾好自己身体,是孩子们生命成长非常重要的功课。一方面,我们帮助他们知道隐私部位是不可以随便让人触碰的;另一方面,我们通过一些温馨的"小贴士"提醒孩子们要经常测量身高体重,关心自己的卫生状况,特别是隐私部位清洁,养成照顾自己身体的良好习惯。

(三)知道自我探索是非常自然的事情

一位母亲曾向我们教师求助:发现孩子以上网查资料为借口,偷偷地看色情网站,而且这样的情况已有段时间了,她非常担心焦虑。的确,目前国内的电视电影尚未有级别的限制,要在网络上找到对情爱和性犯罪细节的描述并非难事,其中难免会充斥不良文化,这就给懵懂中的青少年带来了较严重的负面影响。遇上这样的情况,我们和家长达成一个共识:自我探索是孩子生长过程中自然、正常的事情,与其"谈虎色变"倒不如平心静气地告诉他们那些其实不是生活的常态,让孩子被接纳、被理解。在此基础上再和他们畅谈疑惑,学会辨识网络信息,讨论如何远离陷阱,相信孩子能够做出正确选择。

经过多年坚持不懈地努力,学校的性别教育通过心理课已走入了日常的课堂,生命教育成为了一种教育常态,成为了孩子迈向成长的桥梁。也许,性别教育的实施无法杜绝侵害孩子的行为发生,但我们相信它能帮助男孩女孩更好地认识自己、悦纳自己,更好地做自己身体的主人,有效的预防和干预身心的伤害程度。从这个意义上,性别教育意义重大,值得坚守。

第三节　发现孩子独特的价值

在一群朝气蓬勃的孩子中,你总会发现有一些不一样的孩子。他们显得和周围环境格格不入,常常表现为学习困难、智力障碍、心理偏差……这些孩子究竟怎么了?该怎样为他们提供适性的教育?……这一连串的问题总在教师心头萦绕。为了满足特殊学生的教育需求,有针对性地开展干预辅导,我们建立资源教室,配备了资源教师,成立了志愿者服务团队,开设了针对性的"小星星"课程。

"小星星"课程是为有特殊需要的学生提供的适性教育,使他们在认知、情感、社会适应能力方面得到个性化的发展。同时,指导教师理解差异、解读差异、悦纳差异,实现教育理念、质量评价的转型;缓解家长养育焦虑,帮助家长寻找有效的家庭教育方法,为学生个性化发展加油助力。

一、多元评估,确定个别教学计划

特殊学生表现出来的问题千差万别、错综复杂,对于缺少特殊教育学知识的普通学校教师来说,无法对他们做一个客观的评估。但没有对特殊儿童的准确解读,就很难为他们开发适性的课程。为此,我们就以拥有特殊教育培训岗位证书的资源教师为主,着手开展了对特殊学生的多元评估,从不同的角度了解每个孩子的实际情况和发展需求。

开学初由学校分管特教的资源教师在起始年级段对学生进行学业诊断,排摸有特殊需要的学生。其余各年级的班主任向资源教师申报有特殊教育需求的学生。资源教师与班主任、家长一同通过访谈等形式收集整理这批学生的成长史、家庭情况等相关信息。之后,任课教师提供特殊学生的学科评估资料,再由资源教师对学生进行课堂观察评估、特殊儿童发展的教育评估。同时,征得家长同意后,学校还请来区精神卫生中心的医生对其中的自闭症儿童做医学评估。在这样的多元评估后,由资源教师、任课教师、家长共同参与制订学生的个别教学计划,设计支持该生成长的个性化课程框架。

二、资源教学,满足个性化教育需求

在完成多元评估及个性化课程框架建构后,需要考虑的是课程实施的场所、时间和选择的内容。为拓展特殊学生学习的时空,学校建立了资源教室,依据实践性、补偿性、生活化的原则在资源教室内设置了不同的功能区域,并根据学生不同的需求开发了以下三类相应的课程。

◆ **生活类科目**

提升智障儿童的生活技能。在资源教室的学具操作区域,资源教师安排智力障碍学生补救数学学科知识,采用比较直观的蒙氏数学学具演算数理,显现加、减、乘、除的计算规律。为提高学生在实际生活中的数学能力,该科目还拓展了数学学科的内容,在认识和使用人民币、模拟超市购物等活动中帮助学生掌握购物技能。在动手操作区域则购置了一些演绎动物、植物、人类成长过程的拼板,引导智障儿童通过拼摆自然界的动物、植物图片,向教师简单介绍拼图内容,引导智障儿童了解自然、亲近自然,提升他们的生活品质。

◆ **情绪类科目**

自闭倾向儿童的人际交往。在资源教室的"五彩画廊"涂鸦墙区域,我们安排了针对自闭症倾向和阿斯伯格综合征儿童情绪辅导类课程。引导他们观察人物脸部的表情,识别喜、怒、哀、乐等各种情绪;让他们画出人物各种表情,进一步强化情绪认知;配合一些情绪互动游戏,譬如"你说故事我表心情"、"我的情绪指数"等引导他们了解人际互动中对方的情绪感受,以此选择相适应的行为。此类课程均是为缓解患儿在人际交往中遇到的种种困惑和不适应。

◆ **感统类科目**

提高低龄儿童的感觉统合能力。在资源教室的"感统训练"康复区,我们利用大小不一的触摸球设计了"抛接球"、"传递球"、"蹲跃接球"各类活动,增强智障儿童触觉敏感度,训练其反应能力;在平衡木上设计了各种行走训练,并配合古诗诵读、加减法计算、英语单词拼读,多重任务同时进行中锻炼注意缺陷儿童的前庭觉,提高他们的注意持久力;设计了"拍球答题"的训练,让智障儿童依据指令在拍"花生球"的同时进行数学运算、成语接龙、猜字谜,帮助学习困难儿童提升动作技能的精细水平,改善他们的书写与阅读速度等问题。

三、家校联动,多渠道有效干预辅导

特殊学生的背后往往有一个高焦虑、高压力的家庭系统。家长或过度焦虑,或对孩子的问题缺少正确的认识,或缺乏有效的辅导方式,往往束手无策,甚至一味指责打骂孩子。因此,帮助这部分家长客观地了解自己的孩子,为这部分家长提供有效的教育建议,成为了我们针对这批特殊学生开展家校联动的主要内容。

我们运用家庭系统治疗理论,通过家校联动进行辅导干预。

我们曾成功干预了受虐儿童佳佳,邀请了社区街道的心理专家来校为佳佳父亲做心理疏导,帮助他转变"棍棒底下出孝子"的观念。

还有一位患有严重感觉统合失调的学生小泽。我们发现小泽的父母不顾孩子的实际,要求他达到正常孩子的学业水平。重压之下,小泽就出现了"逃夜"的身心问题。我们介入后,多次帮助家长分析孩子行为背后的生理和心理原因,促使家长正视问题,反思教育方式,逐渐转变了观念。通过个性化的教学方案,小泽的学业成绩奇迹般地由个位数上升到合格,也再未发生"逃夜"现象。

案例:

给"星星"的孩子一片蔚蓝的天空

(一) 背景介绍

有这样一个孩子,叫萱萱。班主任最初家访的时候就发现有些异样:无论用什么方式和她沟通,萱萱总是闭口不谈;母亲谈起孩子的情况也是支支吾吾。后来获悉,萱萱是个早产儿。在她2岁时,母亲觉得她学什么东西一教就会,就着手实施早教。一个偶然的机会,母亲还带她去进行脑电图的测试,结果显示萱萱的大脑发育得特别快,母亲为此感到很骄傲。可是好景不长,有一天,萱萱突然不说话了,问她什么只是摇头,还出现了行为强迫的症状。

就是这样的一个萱萱来到了我们上理工附小。还记得她就读一年级时的场景:刚进校常常毫无征兆地跑出教室,又莫名其妙地大喊大叫。班主任教师无论采用怎样的方法在她身上都毫无效果。为了保证萱萱的安全,学校请萱萱的妈妈来校陪读,才使她勉强适应了入学生活。随后的日子里,萱萱从不和同学交流,她的世界里只有母亲。

(二) 个案分析

萱萱的母亲是一位中学教师。孩子发病后,她辞去工作带着萱萱四处求医。曾有多家医院指出萱萱有强迫症自闭倾向,上海市精神卫生中心的杜亚松医生诊断其为自闭症,还伴有多种的发育障碍,是属于比较综合的类型,且智商处于临界状态。萱萱入学后无法独立上课,只上半天学。基于这样的情况,我们决定为萱萱制订个别教学计划,辅助她适应学校的学习和生活环境。

(三) 具体实施

1. 多元评估

◆ 课堂观察评估

我们进入萱萱的课堂,观察了她的课堂表现。我们发现萱萱在课中只有5~10分钟是跟随教师集中注意力的,整个课堂基本游离在群体之外。任课教师也从来不请她回答问题,班级的同学也无视她的存在。萱萱几乎始终低着头看着一个方向,不知道她在想些什么。

◆ 量表测试评估

依据华东师范大学研发的《社会适应量表》,我们对萱萱的社会适应性进行评估,结果显示:萱萱的家庭适应、学校适应、社会适应能力都比较低。

◆ 学业评估

结合任课教师对萱萱的学科成绩反馈,我们进行了学业评估:

表 19　学业评估表

学科	评估内容	日期	评估结果
语文	试卷：反复操练的内容，比较容易掌握，比如默写、抄写。 课堂表现：游离。 作业：能完成一部分。	2011 年 9 月 6 日	对课堂的内容毫无兴趣；很难理解情感性的问题。
数学	试卷：能进行计算，概念题和应用题可以完成比较简单的。 课堂表现：不参与课堂教学，能完成部分的课堂练习。 作业：能完成。	2011 年 9 月 6 日	该生对数学题目还是比较有信心，能在教师的指导、同学的帮助下，完成一定难度的数学题目。
英语	试卷：只能在听力部分得分，阅读和作文不得分。 课堂表现：平时上课能遵守纪律，但是不易集中注意力。 作业：能完成抄写的部分。	2011 年 9 月 6 日	该生在英语学科上基础比较差，跟不上年级的进度。由 2—3 个字母组成的单词短时记忆尚可，但是遗忘率较高。

◆ 医学评估

我们请了杨浦区精神卫生中心的吕梅医生对萱萱的家长进行咨询，并做了焦虑、抑郁情绪的量表筛查。结果显示，家长没有明显的焦虑、抑郁情绪反应。

基于以上的多元评估，我们分析了萱萱的优势和不足。

萱萱的优势：该生的性格比较温顺，听话；能安静地看看以图片为主的书籍，对数学的理解比较强；家长能积极配合学校共同教育学生，但是缺少有效的方法。

存在的困难：社会适应能力很差，对人物的情感很难理解，与人交往的能力极弱；动作不协调，有感觉统和方面的问题；依赖心比较强，对自己解决问题的能力信心不足。

就以上的情况，我们为萱萱制订了康复训练和相关课程的辅导。

◆ 康复训练

（略）

◆ 感统训练

在资源教室的"感统训练"康复区，我们利用大小不一的触摸球，设计各种球的活动。通过"抛接球"、"传递球"、"蹲跃接球"等方式增强萱萱的触觉感，训练其反应能力。利用平衡木、自行车,我们设计了各种行走训练,并配合多重任务同时进行,如古诗诵读、加减法计算、英语单词拼读等,锻炼萱萱的前庭觉,提高她的注意持久力。我们还设计了拍球答题的训练内容,让萱萱依据指令在拍"花生球"的同时玩数学运算、成语接龙、猜字谜的游戏,帮助提高萱萱的动作技能精细水平,改善其书写、阅读速度慢等问题。

◆ 情绪辅导

在资源教室中,我们利用"情绪脸谱"为萱萱设计了情绪辅导课程。首先,给她观察"情绪脸谱",引导其观察人物脸部的表情,识别喜、怒、哀、乐等各种情绪。然后,让萱萱画出人物各种表情,进一步强化情绪认知。最后,配合一些情绪互动游戏,例如:你说故事我表心情、我的情绪指数等帮助萱萱了解人际互动中对方的情绪感受,作出相应的回应性的行为表现。

◆ 行为训练

班主任教师也在资源教师的建议下,对萱萱进行行为训练。譬如:让萱萱听指令,在教师的鼓励下上讲台拿试卷。每一次教师总是一边激励一边要求,直至萱萱跨出第一步。类似的训练还有开门、递水、递书等。

(四) 效果反思

经过一年多的训练,萱萱已经逐步适应了学校生活。她不再需要母亲陪读,对教师的简单要求也能做出较好的回应。在与同龄学生难度同等的测试中,学校延长了她的考试时间,缓解了萱萱的焦虑情绪,使她顺利通过考试,成绩均为合格。学期末,萱萱还被同学们推选为"上理自强之星",获得了嘉奖。

"小星星"课程尊重特殊儿童的独特性,保护他们接受平等的教育机会,满足个体的发展需求。"特教"这片接近教育本原的处女地也等待更多的教师参与其中,从而获得观念更新及专业提升。

像萱萱这样经"小星星"课程有了显著变化的特殊学生不在少数。近年来,该课程先后一定程度上促进了10位特殊学生在认知、情感、社会适应等方面的发展。经过针对性辅导,1名自闭倾向学生逐渐回应教师和同学,并荣获"上理自强之星"称号;1名中度智障学生增强了与人交往的能力;4名(轻度)智障儿童融入班集体,顺利取得小学毕业证书。调研显示,学校83%的班主任认为资源教室的"小星星"课程有利于改善特殊学生状况,有利于提升特殊学生的成长自信心。作为上海市心理健康示范校,近期学校还与华东师范大学、杨浦区精神卫生中心的专家及医生合作成立了自闭症儿童研究室,对区域内自闭症儿童进行医学干预辅导,开展多动症筛选,及时干预辅导注意力障碍学生。

特别关注: 性别教育,大大方方走进课堂

性别教育: 大大方方走进课堂

文/本报记者　刘雪峰

本报讯　去年年底,代表中国基础教育课程与教学领域最高成就的首届课程改革教学研究成果评选揭晓,上理工附小《小学生命教育课程实践探索——为男孩女孩开设的性别教育课程》(以下简称《性别教育课程》)获得了二等奖。

记者昨日走访了上理工附小《性别教育课程》研发负责人徐晶教师,得知《性别教育课程》是属于学校生命教育课程的一部分,旨在帮助学生完善人格,主要包括性别意识、性别认同、性别保护三方面内容,已经有了相对完善的课程体系。

因需而设,持之以恒——

"当初想到开设这门课,是我们发现有些学生家庭中性别教育是缺失或不当的。"徐晶介绍,一些学生会问家长"我从哪里来",有的家长能给孩子很好的指引,而有的家长拒绝回答,更有甚者会编谎话,对孩子造成误导,"现在信息传递的方式很多,学生若通过不良网站等途径获取不当的知识可能会造成不好的影响。"

徐晶表示,这门课已经受到了学生和家长的欢迎,但当初开设这门课程也是有压力的,"一些教育工作者并不理解,一些人担心'暗箱'被打开,对学生有负面影响。我们的想法很朴实,只要对学生是有益的,不管别人怎么评价,都必须坚持。"

寓教于乐,多方互动——

"小雨、小雨,沙沙沙,沙沙沙,种子、种子,在说话,在说话……"小朋友通过唱儿歌,知道了植物可以通过种子延续后代,再通过鱼妈妈、鸡妈妈、兔妈妈等找孩子的游戏,了解动物有"胎生"和"卵生"两种方式,教师又播放了一段科普录像,演示精子和卵子如何相遇、结合、孕育……这就是一年级小朋友性别教育第一课《我从哪里来》。

还有一次,教师让学生家长给自己孩子写一段话,告诉孩子他们是怎么来到这个世界的,没想到许多家长都将一页文稿纸写得满满的,有的孩子看到家长写的文章,流下了感动的泪水。一位妈妈在文中写道:"亲爱的宝贝……你是爸爸妈妈相爱的结晶,爸爸把自己的优秀精子给了妈妈,妈妈体内有卵子,精子与卵子结合,然后在妈妈子宫内发育,就像一棵菜,在妈妈子宫内长大,长到成熟了,就从妈妈子宫内出来,来到了人间……"

"性别教育课程绝不仅仅是生理课程,它涉及心理、伦理,是生命教育的一部分,能使学生珍爱生命、学会感恩。"徐晶感叹。

《性别教育课程》针对不同年龄阶段学生的特点,设置相应内容。三年级以上学生开设性别保护课程,如《身体红绿灯》一课,学生通过游戏,知道身体有些区域是隐私部位,别人不能随便触碰。孩子们了解了自己身体的特点,也能学会更好地尊重他人。

展望未来,教无止境——

"我们正在与上海教育出版社联系,目前只是打印稿的《性别教育课程》可能会出书了。"谈到这里,徐晶露出了笑容,"我们的工作不会停止,课程内容还会不断丰满、完善。我们正在构想一个人格塑造专题,如让男孩成为真正的男孩,孩子了解了自己的性别特点能更好地悦纳自己。"

据悉,区教育局将以上理工附小《性别教育课程》为基础,下学期在区内 17 所小学进行试点,开设性别教育课程,助力小学生人格完善。

2011 年 3 月 17 日

【本文原载《杨浦时报》2011 年 3 月 17 日】

第五章

成就每一位教师的精彩人生

育人育己,教学相长。教育的本质是生命与生命之间美妙的互动。我们期待用丰富的课程、适切的教学方式,成就学生成长的同时,关注教师本身的成长愿望和发展潜力。如果说,校长是理念的引领者,那么教师便是理念得以落地的实践者。当学校的办学理念成为教师共同的价值追求,理念才得以落地;当教师厘清发展目标,在成长之路上才能涌现不竭的动力;当学校多元的课程平台、个性化的研修满足每一名教师的发展愿望,教师的专业才得以适性成长。

第一节 浸润中的契合

学校的办学理念与现代教育要求相一致，它的可贵之处在于关注每一个学生的特质。"不一样的生命，一样的精彩"不仅是理念，也向学校教师提出了更高的要求。引领教师团队通向彼岸，让理念从墙头稳稳落地，我们在构建学校文化认同与建设上作积极探索尝试，着力打造一支"爱心、专业、合作"的高素质教师队伍，以适应教育面向未来的要求。

一、让理念成为教师们共同的追求

在前期调研中，我们摸底了全体教职员工对学校发展阶段的认知度。在此基础上，反复研讨、评估，凝心聚力出台学校办学理念："不一样的生命，一样的精彩"。之后，对学生、教师、家长的发展"愿景"也应运而生：

学生愿景：健康、乐群、探索

教师愿景：爱心、专业、合作

家长愿景：理解、参与、支持

从办学理念到学生、教师、家长的发展"愿景"饱含着学校每一位教职员工对自己学校建设的期许，是学校群体互相沟通、了解、融合过程中产生的共同价值追求，更是教师将自身与学校发展捆绑在一起、整合在一起的成长目标。围绕这一目标，我们通过校务会、教代会出台学校发展三年规划，依据规划制订教师个人专业发展规划，旨在标明团队的行走方向，澄清理念内涵，引领学校团队奔向共同的彼岸，走通一条"想做什么"、"需要做什么"、"能做什么"的学校发展之路。在这一过程中，提升教师团队的教育教学专业素养、转型教育教学理念是关键。为此，我们遵循"教师第一"的发展原则，从提升教师团队人文素养、文化底蕴的校本培训入手，不断打磨一支精良的教师队伍。

（一）分享

走近经典,从教师兴趣爱好、专业特长出发组织文化艺术专题讲座活动,拓宽教师的眼界。其中,每周五定期举办的"阳光自助餐"是深受教师欢迎的一个学习栏目。教师自主自发,采用讲座、游戏、测试、情境表演等生动的形式放飞理想信念,舒展身心;"阳光剧场"是青年教师的舞台,大家撷取身边教育教学的真实素材,通过改编,演绎成一个个鲜活的案例阐述,表达自己对"不一样的生命,一样的精彩"的理解与诠释。

（二）阅读

我们积极倡导教师多读书、读好书,开展"同读一本书"活动。学校每学年有选择地向教师推荐4本教育教学类书籍。相同时间段里,教师共读同一本书并撰写读后感。为促进教师的阅读交流,我们在校园网上开辟了"读书论坛"专栏供教师畅谈观点,辩论研讨。一位青年教师在专栏中这样表达自己参与阅读活动的收获:"学生的脑中似乎蕴藏着无穷无尽的稀奇古怪的问题。以前面对他们,我常常感到束手无策、诚惶诚恐。如今,惶恐少了,自信多了。我不再尴尬地回避学生的问题,而是和学生一起探讨、争论,一起体验学习的乐趣。学习,充实了我的大脑;学习,让我找回了自信。"

（三）研修

从程介明教授到小林校长(源自《窗边的小豆豆》),从教育的哲学探讨到教学的方法创新,从儿童发展心理学的重修到理解大脑对学习的影响等,我们的校本研修内容多样,涉猎广泛。通过分层培训,学校理念获得一遍又一遍的澄清,教师收获着实实在在看得见、摸得着的专业"兵器"。

二、让理念浸润在校园文化建设里

成功的学校都有不一般的学校文化。最有价值的是能把各方面的资源都调动起来,使大家参与在特色活动中,使大家都能体验到其中的价值,彼此达成共识。

（一）制度建设

规范的制度建设是学校文化建设的前提。但制度是工具,而非目的。在建章立制的过程中,我们更多思考的是制度能否保障办学理念的体现,制度能否促进教师个体的专业发展。

因此,学校重新修订、完善了一系列的学校规章制度:《教育教学成果奖励办法》、《奖金分配制度改革方案》、《干部学期考核办法》、《教师(教工)学期考核办法》、《校级骨干教师认定与管理办法》、《校级骨干教师考评办法》、《正副班主任岗位职责》、《考勤制度考核办法》等。

通过这些制度建设,行政理念从"管理"转向"服务",教师自我成长的发展意愿从"要我发展"转向"我要发展",教师教育教学理念从"以教为中心"转向"以学为中心"。尤其凸显出教师梯队建设中团队协作力的生成,及高端教师的不断增量。

(二) 环境建设

人在环境中,人创生环境;环境也育人,环境同样改造人。我们从关注校园微景观的环境改造中引领教师在点滴处下功夫,于细微处见理念,用心创设校园"关爱生命,尊重差异"的环境。

学校里没有设荣誉墙,但处处透射出对师生成长需求的关照,处处彰显着学校师生生命的精彩。踏入教学大楼,你会看到墙面上悬挂着一张张学校历届师生的照片,那是他们在体育、艺术、科技等各类社团活动中活跃的身影;流连走廊,你会看到展台上摆放着朴素的手工制品、童趣盎然的图画作品,那是学校师生在自主拓展课程中共同创作的艺术成果;走进教室,你会看到可供孩子们涂鸦的小黑板,看到墙角那一筐筐为孩子们阳光大活动配置的体育活动器具,看到那拥有 300 本藏书的小书架,以及书架上孩子们亲手培育栽种的绿植;来到体育馆、操场、网球场,你会看到照片墙上学校体育教师利用自己的摄影专长为小运动员们拍摄的矫健的身姿、昂扬的笑脸、自信的团队……

案例: _____

男孩危机引发的思考

2007 年至今,学校先后开展了围绕办学理念及育人目标的教师校本培训。"倡导绿色课堂教学"、"学业水平测试结果解读"、"合作学习"、"新优质在路上"、"依据核心素养细化育人目标"、"关注学情,关注差异"……一系列专题研修中,教师集中学习国内外现代教育教学理念,通过案例分享认识专业的核心,提升育人技能,加深对"不一样的生命"的理解与尊重。尤其在《男孩女孩》课程取得一定成果后,学校亟需进一步深化研究学生差异,以提升教师的专业素养。于是,学校据此展开"不一样的男孩"的校本培训,进一步回答学校如何将办学理念转化为全体教师自觉的行动实践的问题。

培训前,学校出资为教师购买并推荐阅读关于男女脑差异、男孩女孩教育的相关书籍资料。如,《男孩教育缺什么》《自尊女孩手册》《拯救男孩》《男孩成长的秘密》,以及澳大利亚男孩教育专家伊恩·利利科对男孩的 52 条建议,为本次培训"热身"。

培训中,丁校长亲自主持,围绕日常教学中"插嘴、背诵、记忆"等纪律、认知、学习风格等问题呈现了我们自己的调研结果,显示男孩女孩在同一件事中不同的表现,引导教师了解人类进化心理学角度中的男女思维方式的不同。之后,学校与上海思来氏教育咨询公司合作,对师生做了"男女生认识差异调研"和"课堂观察"反馈,近距离呈现目前我们教育教学存在的真实问题:教师总体思维特质与男生的冲突;教师视野与男生的代际差异;教师对学生评判标准与男生特质的冲突;课堂节奏与男生特质的冲突;教师教学风格与男生学习风格的冲突等等。借助于心理学基础和数据分析这一专业的介入,让教师清晰地认识并在专业的指导下改善和选择适切的教育行为有了可能,获得了教师的广泛认同和理解。

最后,受我们邀请的复旦大学性别教育专家沈弈斐教授从社会学的角度为大家做了《小学性别教育的困境与方向》专题讲座,引导教师们审度、反思自身的教育观念。

整个培训主要围绕"发现男孩"、"解读男孩"、"为了男孩"3 个环节 4 个逐层递进的核心问题展开:

面对男孩你最受困扰的问题?

男孩为什么这么不一样?

我们是如何看待、应对男女生差异的?

通过培训,你有什么新的理解,有什么办法应对?

这些核心问题的提出和探讨,是一次次观念的碰撞和理念的更新。教师们坦诚地分享了男孩教育中的困扰,更生动更立体地解读了男孩。正如一位培训观察者的感言——活动最触动我的是一位成熟教师的肺腑之言:"教书 20 年,我以为我都懂,现在才发现我其实真不懂"。这样的培训是有效的,教师们认识到专业的核心不仅是技能技巧,更是对每一个不一样的生命的尊重与关怀。

随着培训的深入,"研究男女生差异"把大家的关注点聚焦到了学生的学习研究,结合学科教学教师开始探索符合男孩成长的教学方法。

教师们发现:男生怕语文,那是因为他们更容易接受图表、图像和运动物体的刺激,不易接受单调的语言刺激。面对语文教师滔滔不绝的讲授,男孩的大脑就要比女孩更有可能感到厌烦分心,也更容易表现出瞌睡或坐立不安的行为。因此,讨厌背诵、漏写标点符号这种事情经常会发生在男孩身上。于是,教师们更宽容男孩的这些行为,更多地鼓励男生。

数学教师查阅资料后知道:男孩额叶没有女孩活跃,他们在狭小的教室里、固定的座位上学习,效果会大打折扣。于是,教师们把学生带到操场,在跳远、跑步、扔球中去感知"长度",理解"里程"。

我们的科技教师则尝试改变教学评价方法,来适应男女生学习的需要。

······

虽然"男孩危机"作为一个备受全球教育关注的问题,必然是一个艰巨的难题,我们的探索也只是一小步,但研修培训给学校、给教师带来更大的意义。引用原市教委尹后庆主任的话:"研究让我们的教师处于一种专业生活状态;在深入细致地了解学生中教师逐渐适应学生视角;教师通过选择适当的应对策略,不断增强教学的艺术性,注重教育教学微观流程再造。"教师们正在不断转变观念,还原男女生成长的真相,让教育教学更适合男孩女孩的成长。

第二节　青蓝行动

片片绿茵,声声欢腾的校园里无时无刻不充满着孩子们的梦想,唯有打造好教师队伍才能真正托起孩子们的梦,承载这份属于未来的美好。要造就怎样的教师,一直是萦绕在我们心头,时时思索探寻的问题。

一方面,随着学校办学规模的增大,加盟学校建设的青年教师数量不断增长。他们基础知识丰厚、灵动朝气、怀揣教育理想,但也缺乏实际的教育教学经验,育人素养和能力都亟待在实际工作中整合并提升。另一方面,学校一批成熟教师虽经验丰富,但也逐渐进入了职业瓶颈期,安于现状,对教育教学的现实思考不足,行为透露着背后固化、僵化的教育教学观念。

提升不同层面教师的专业素养与能力,我们想到了"鲶鱼效应"。从青年教师着眼着力,充分发挥青年教师的活力与冲劲,激励他们"青出于蓝",从而点燃教师群体自主发展的愿望和动能。为此,我们以"青年强则校强"为方向,创生并实施"'青蓝行动'上理工附小青年教师培养工程"。

以发展青年教师作为师资整体提升的一大突破口,通过"阅读演讲、教学评比、研究论坛、课程研发、宣传发布、轮岗锻炼、平台主持"七个平台,驱动青年教师的自主发展意愿,鼓励他们勇于创新实践教育教学,彰显精彩。平台活动特色主要体现在以下几方面:

1. 阅读演讲中显智慧

鼓励青年教师领衔组建阅读小组,定期组织研读教育教学专著。每月一次的"读书分享会"坚持至今,专人专讲,夯实育人理论思想。

2. 教学评比中显创新

围绕"关注学情,关注差异"课堂教学研究专题,鼓励青年教师自发组织课堂教学评比,通过磨课、上课、说课的方式创新教学实践,提升教学能力。

3. 研究论坛中显特色

鼓励青年教师运用数字化新技术,进行个人微课题的研究,举行"教育教学'未报告'论坛活动",实践与创造教学新策略。

4. 课程研发中显功夫

提供课程研发所需的资源,鼓励青年教师主动承担拓展型课程和探究型课程的研发。

5. 媒体发布中显水平

鼓励青年教师承担学校办学信息和教育教学成效的发布与宣传工作,参与并创新校园网、学校公众号的平台建设。

6. 轮岗锻炼中显能力

遴选先一步在各项平台工作中脱颖而出的青年教师参与校内管理岗位的轮岗锻炼,承担学校三年规划重点发展项目的设计与实施。

7. 平台主持中显活力

鼓励青年教师自主参与"七大平台"的申报、领衔与组织工作。发挥个性特长,尊重个体选择。不作行政任命,秉持"能者劳"、"贤者上"、"能上亦能下"的原则。

每位参与"青蓝行动"的青年教师均需依据《"青蓝行动"上理工附小青年教师培养工程(教师期满考核表)》的要求及自身特点,制订一份目标清晰的《个人专业发展三年规划书》,内容包括学历提升、职称晋升、骨干等级提高等硬指标,也包含阅读、科研、课程开发等具体项目。

随着"青蓝行动"的蓬勃开展,一批青年教师逐步在专业发展中显现出"青出于蓝,胜于蓝"的活力与能力,成为推动办学内涵向深度持续发展的新生力量。

案例:

小荷才露尖尖角

他,因一分之差没有考入师范类院校,但成为一名教师的梦想始终没有丢失与改变。

他毕业后的第一份工作——银行"网银管理员"。收入颇丰,但他依旧期待自己能成为一名教师。

怀着这样持久的梦想和热情,他走进我们上理工附小。从学校网络管理员做起,经历一年的学习和实践,终于,他名正言顺成为了一名光荣的人民教师。

王子宜,一位年轻的追梦者……

学校要求青年教师在学历上更上一层楼,业余生活中,他重新进入大学校园,在完成人生大事——结婚生子的同时,克服种种困难,完成了人生另一件大事——研究生学历进修。

学校提倡"岗位锻炼",他在师傅及团队的带领下,不厌其烦地磨课、上课,在反思与改进中,捧回了区"百花杯(拓展型学科)教学大赛一等奖"、"上海市中青年教师(探究型学科)教学大赛一等奖"的殊荣。

学校开展"关注学情,关注差异"的课堂教学研究,他积极利用大数据技术来改变教学模式和教学活动的形式。

学校鼓励教师积极投身校本课程研发,他自主开发了"小机器人"和"巧块"课程,目前"小机器人"课程已经成为全区范围内的共享课程。

　　他喜欢头脑OM项目,学校积极支持他带领青年教师团队参赛。仅仅几年的时间,学校OM项目在全国、市、区各类竞赛中,分别取得了优异的成绩:2011年上海市机器人竞赛一等奖;2012年上海市科技创新大赛一等奖;2013年全国头脑奥林匹克创新大赛冠军;2013年世界头脑奥林匹克全球总决赛亚军;2014年全国头脑奥林匹克创新大赛亚军……

　　现在,王子宜已走上了校本培训的主讲台,从一名听众转变为一名校本培训的设计者、主持人,带领各个年龄段的教师共同探讨未来教育的可能性和发展方向:"未来课堂"、"如何培养合作学习"、"基于未来教室的翻转课堂"等,诠释着他对教育的理解、思考和探索,无限接近着他心中的理想,也是我们共同的目标和追求。

　　在学校"青蓝行动"中,王子宜是一个缩影。从他的身上,我们看到了众多青年教师的成长:

　　李蓓蓓:杨浦区"百花杯"教学比赛(数学学科)一等奖、上海市中青年教师(数学学科)教学竞赛二等奖。

　　刘轩如:杨浦区"小荷杯"教学比赛(数学学科)一等奖。

　　马妍菲:杨浦区"乡土课程"说课一等奖、自主研发的校本课程"袜子娃娃"成为区域共享课程。

　　……

第三节　教师成就优质

　　近十年,学校经历了先后合并周边6所学校的震荡。2007年,学校原地重建并更名为"上海理工大学附属小学"。这既是机遇,也是挑战。来自家长的期许、学生的发展、自我的成长需求,无不促进我们思考:新生的上理工附小究竟该怎样办?怎样的办学理念才能办出大家心目中的好学校?

　　我们知道,"改变"不会一蹴而就,但"不日进则日退"! 我们下定决心"求变"。通过3个发展阶段,即"打破坚冰"阶段、规范重构阶段、内涵发展阶段,我们启程去无限接近心中理想的彼岸。

一、"破冰"(2008.9—2011.6)

为进一步厘清学校所处阶段的现状,准确定位未来发展方向和目标,我们与教育咨询公司共同做了学校诊断调研。结合调研数据呈现的优势和问题,我们发动全体教职员工共同参与讨论,分析优势与不足带来的契机与危机,探讨问题改进的基本措施。通过全体教职员工深入研讨,凝心聚力的思考,我们把学校未来发展方向和目标凝炼成一句话:"不一样的生命,一样的精彩!"这一办学理念的确立,是我们共同的信念和理想,是学校新一轮发展进程中各类教育教学活动的出发点和根本。

理念确立后的一段时间里,我们开始创设看得见的学校整体环境,学校显著位置的墙面张贴着我们的办学理念、校标、育人目标、教师发展愿景、学生及家长成长愿景,校园环境焕然一新,欣欣向荣。但很快我们就发现,要把理念从墙头真正落实到每一位教师的心头,成为教师自发自觉的意识和行为并非易事。阿里巴巴集团创始人马云说过:"千万不要相信你能统一人的思想,那是不可能的,30%的人永远不可能相信你。不要让你的同事为你干活,而要让他们为我们的共同目标干活。团结在一个共同的目标下,要比团结在一个人周围容易得多。"作为管理者,一定要有自己真正信奉的教育理念。这份信念不是口号,不是标语,而是发自内心的声音。更重要的还要把理想信念化成具体可见的目标,化成具体可执行的制度,融入到必须落实的行动中去。

起步那两年,教师的行为与学校的办学理念常常不吻合,时有冲突。我们设计并实施了学生及家长对教师教育教学情况的满意度调研。记得第一次调研结果显示:有的教师尽管教学经验丰富,但学生满意度只有45%;更有骨干教师也没有得到学生及家长的认可。一石激起千层浪。我们与教师个别交流,开展教育教学案例交流,引导教师放下思想包袱、调整心态,正确看待问题,尤其着力反思自身的教育方式与行为表现,重新审视师生关系的健康构建。为激励渴望率先发展专业,在学校课程建设中积极投入的教师,我们大力改革学校分配方案,依据责任大小,实行多劳多得,优劳优酬。随着满意度调研、分配方案改革的推行,师生关系开始向平等尊重、关爱温暖发展,投入学校两类课程建设的教师数逐年增长,而一些习惯了居高临下对待学生及家长,沉溺"大锅饭",跟不上学校发展步伐的教师也与大家渐行渐远。

在接下来的教师岗位聘用管理上,我们也采取了更开放的态度和方式。近三年的时段,学校如蓄水池般,先后引进 40 多位新教师。对于教师聘用最大前提是具备相一致的教育理念,没有这个前提,再高的学历、职称和所获得的荣誉,都不足以成为加盟我们这一团队的理由。

我们相信走向目标的过程是一段艰苦跋涉的长征。其中会有人离开,会有人加入,但最终结伴同行的,必然是志同道合、敢问路在何方的那一群。更值得积淀的是那些宝贵的尝试和体验,它们促使我们深入思考如何实事求是地谋划学校的未来发展,也为后两轮学校发展规划的制订积累了丰厚的实战经验。

二、重构(2011. 9—2014. 6)

由于经验不足,2007 年学校第一次发展规划建设因与基础比较脱节而"流产"了。2008 年学校也仍处于调整期,又与一所中等规模(12 个教学班)的兄弟学校合并。短期内师资严重短缺,13 位新教师随即加入。两校的文化融合与冲突、新教师的专业素养与技能培训等问题摆在我们面前。

面对一时的困难与失败,我们并未气馁。2011 年,我们根据实际问题,吸取前一期发展规划实施的经验与教训,调整后制定了学校新一轮三年规划。这轮规划的重点放在了加大管理部门改革力度、建立随堂听课制度、加强"专课专用"的自觉性、树立全学科质量观、加强备课组建设、调整人事机制等方面。

(一) 加大管理部门改革力度

重视课堂教学质量的提升,向 35 分钟求实效。学校提出"三不准"原则:不准挤占专科时间,不准增加额外作业量,不准影响学生的睡眠时间。为达成这一目标,我们首先对学校中层管理部门的设置作战略调整。将原先的教导处分成行政处、教学处、德育处。德育处负责管理班主任队伍,侧重学生的德育教育、行规养成及少先队活动;行政处主要负责教师学期考评、招生及学籍管理、教育科研等;教学处侧重课堂教学指导和教学质量监控。把分管教学的副校长和教导从日常繁琐的事务中解放出来,全神贯注带领教师全面提升学校教学质量。

(二) 建立随堂听课制度

不唯分,我们取消了分数与教师个人学期考核的挂钩,以随堂听课评课作为质量监控管理的重点。分管教学的副校长与学科教导组建的教学处日常主要任务就是深入教室全面指导教师提升课堂教学能力,促使教师把视角转移到课堂,转移到以学生为本的教学中。每一学年,从学期的第一周到最后一周,教学处学科教导和分管副校长必须完成每周6—8节课的听课任务。不仅考试学科(语数英)要听,非考试学科(音体美)也要听,并全面督导学校教学五环节(备课、上课、作业、命题、辅导)流程管理。这项举措一开始令教师感到紧张、不适应,随着面对面、实打实地切磋、交流、引导,教师开始慢慢接受及适应,到后来主动申报并邀请相关学科教导、校长进教室听课、议课。就这样,被动接受转向了主动参与,教师不再抱怨生源困难,更多从关注学生学习基础、学习兴趣、学习方式的差异来反思自己的教学设计,提升自己的课堂教学实效。

(三) 加强"专课专用"的自觉性

教师看似都知道全面发展的道理,但落实到行动上,却常常会发生占用学生体育、科技、品社、音乐、美术等学习时间。不唯分,就要引导教师克服"唯恐时间不够用"的过度焦虑,从制度上杜绝"时间不够用,音体美凑"这一违规行为的发生。因此,在随堂听课中,我们确立了"专课专用"制度,听课与巡视相结合,检查与问卷调研相结合,并与每月绩效考核挂钩,帮助教师正本清源。

(四) 树立全学科质量观

不唯分,就须打破只看重考试学科(语数英)的质量,忽略其他学科的教学质量。因此,我们推行了"全学科质量分析"。作为每学期一次固定的重要教研活动,学校要求各部门及教研组,包括卫生室针对学生的体质情况、近视眼发病率,都要作定期情况分析。在学科质量分析会上,各部门面向全体教师对三类课程作基于数据的逐一反馈。分析中,我们强调从教学流程管理以及学生的满意度反思,从教学角度反思。分析要避免泛泛而谈、不痛不痒,更不能一味把问题归因到学生身上,让"绿色质量观"在教师心头扎根。

(五) 加强备课组建设

学校的体量大,师资队伍年轻(平均年龄 35 岁),高端教师相对缺乏。俗话说"三个小皮匠,赛过诸葛亮"。我们意识到要尽快整体提升团队能力,可以走"抱团"发展之路。我们将这一重点放在备课组建设上。出台《优秀备课组考核管理办法》《备课组"教学五环节"流程管理制度》;设定专用时间保障备课组教研活动的开展;学科质量分析不排名,反馈年级整体得分率及完成情况的优势与不足等,"同舟共济"形成学习型备课组,促进教师抱团发展,共同发展。

(六) 调整学校人事机制

在绩效工资和岗位设置改革中,我们始终坚持鼓励教师发展自我,形成个人发展与学校发展共赢的趋势。鼓励有素质有能力的青年教师在备课组长、年级组长、学科教导员等各级各类岗位上轮岗锻炼;为有强烈专业发展意愿的青年教师提供资源和平台进行学习交流;鼓励青年教师积极进修高一级学历,积极申报高一级岗位职称,坚持不论资排辈。

三、发展(2014. 9—2017. 6)

经历第二轮学校发展三年规划,我们走过了基础建设、规范发展的阶段。学校的办学理念、育人目标日益清晰;学校课程建设框架初具雏形;特色课程不断增多,以满足学生学习需求;各项制度完备,教学管理流程有序;教育教学质量稳步上升,教育教学方式指向绿色;学生及家长满意度逐年上升……

但我们并没有拘囿于初期的这些成果,而是在对自身这一轮三年规划的督导反思过程中看到了新的问题,主要集中在以下方面:教师对课堂教学与评价的要求存在一定程度的误解,教学与评价实施中存在一些偏离课程标准的现象;学生必要的学习经历易被忽视,针对学生差异进行有效教学的研究与实践比较缺乏;校本课程统整性、系列性、体验性方面有待优化,同时亟需跟进相应的评价设计;家庭和学校尚未形成目标清晰的教育合力。

在 2014 年起步的新一轮三年规划中,我们依据办学理念与育人目标适时调整了学校发展的目标定位,确立了新的战略目标:"不断践行'不一样的生命,一样的精彩'

办学理念,培养'健康、乐群、探索'的小学生;努力促使教师提升专业能力,形成有共同价值追求的合作型教师团队;进一步形成关爱生命、尊重差异的学校文化,把学校建设成深受学生和家长喜爱的优质学校。"在此基础上,具体提出了三年发展目标:"依托上海理工大学的优势与特色,进一步建构统整性学校课程,并形成目标清晰的家校合力;基于学生差异开展课堂教学实践,借助课堂观察工具、信息技术等手段,通过数据分析及相关教研,持续提升课堂教学质量;梳理和完善学校各部门工作机制,优化教育教学管理服务品质,打造'爱心、专业、合作'的教师团队,实现高端教师增量。"新一轮发展思路提出了确立"重点发展项目"和"基础优化项目"的策略。

(一) 聚焦课堂教学研究,改善教学生态

我们梳理前三年教学实践研究的优势与不足,基于男孩女孩学情差异,从基础型课程入手,攻坚课堂教学深水区,构建课堂研究新模式,形成新策略,逐步转变以听为主的教学状况,改善课堂教学生态,顺应学生发展规律,提升教师专业发展水平。我们确立了重点发展项目"基于学生差异的课堂教学策略研究",引导教师了解学生学习过程中的个体差异,理解每一个学生的学习是独特的个性化进程。借助课堂观察工具、信息技术等手段,通过数据分析、课堂教学实践及相关教研,转变教师课堂教学行为,形成尊重差异、自主合作的课堂学习。期间,语数英学科先行,根据各学科特点,以学科为单位确立项目,设计项目实施方案;在相关培训的基础上,通过开发和使用课堂观察工具及信息技术、开展实录式的课堂教学研讨、基于实证的案例分析等手段,有序开展各项目研究;在数据分析和课堂实证的基础上,总结提炼相关课堂教学策略。

(二) 基于育人目标,提升学校课程品质

我们根据学校育人目标,有针对性地对学校现有课程进行梳理、调整,进一步研发新课程,从而形成相应的学校课程框架;明确各年级校本课程的学习内容及实施方式,逐级推进,有序实施,不断完善;总结各年级活动类课程实践经验,设计相应的评价方式,提高体验类活动课程实效;围绕核心素养,制订学校课程评价方式。

(三) 夯实各项基础工作,促进师资发展

以各部门为单位,我们梳理以往教学流程管理、课程建设、师资队伍建设中的不足

和漏洞,建立有效的各部门工作管理机制,促进各项工作的运作,保障办学质量的提升。各部门的基础优化工作各有重点和抓手,如教学五环节管理机制建设、课程管理机制优化、教师梯队专业深耕、性别教育云课程建设和师资培训等。

四、纵深(2017.9—2020.6)

2014 年这一期的三年规划实施,我们收获了"坚持专业成长,学校教师队伍取得新优化"的良好预期效果。基于教师个人和团队发展的瓶颈问题,学校通过改革内部人事制度、改变教师培训模式、团队项目引领个人发展等方式有效实施师资管理,打造了一支"爱心、专业、合作"的优质教师团队,实现了高端教师增量。其中特级校长 1 名,区学科带头人 2 名,区骨干教师 9 名,学校金牌骨干教师 13 名,校银牌骨干教师 21 名。荣获各级各类荣誉称号的教师占总数 34%,在全国、市、区级各级各类教学比赛中获奖教师占总数 16%;在全国、市、区进行公开教学的教师占总数 79%。

为进一步实现教师团队发展,2017 年我们启动了新的教师发展愿景:爱心、专业、合作。新一轮发展中,我们将聚焦"学生创新能力的培养,尊重并欣赏生命的不同,提升解读儿童的能力,构建温暖、平等的师生关系,鼓励学生质疑和探索,主动变革学与教,成为课程创新的实践者。"

我们开始引导教师更深入地思考学校内涵发展的方向,思考学校课程改革的核心问题——课堂教学转型。这是一切教育教学活动的总和,是学校课程实现自主选择和多样化发展的主要载体。唯有"咬定青山不放松",通过教师群策群力地对三类课程实施有实际针对性和一定创造性的实践探索,才能真正构建起"关爱生命、尊重差异"的学校课程文化,从而影响与成就教师职业生命的更精彩。

第四节　简单的道理是幸福的基石

小学教师,也许是世界上最幸福的职业。孩子们羽翼渐渐丰满,从稚拙幼童到翩翩少年,是人生最无忧无虑的一段。他们对教师全然崇拜、依靠,他们对知识孜孜以求,如海绵吸水。在小学,他们完成了与这个神奇世界无数的第一次对话……

面对这样蓬勃新鲜的生命,作为他们的教师,我们准备好了吗?

我们教的知识很浅显,从1+1开始,听上去很简单,但这是思维质的飞跃,我们要将皮亚杰认定的"前运算阶段"的儿童带入"具体运算阶段",因为对未来世界所有的认知将从这里起步。我们在教这些看似浅显的知识的时候,我们的心里要有那个日新月异的未来世界,我们教的应是他们认知世界的态度和方法,要认真做事,不要敷衍;要敢于质疑,不要盲从;要大胆提问,小心求证……

我们教的道理很简单,有礼貌、诚实守信、关爱弱者、有错就改……科学家说,这就是教育,孩子们走出校园后忘记了教师教的全部,留下的就只有这些,我们很肯定,这才是孩子们未来幸福的基石。

我们教的知识不简单,我们教的道理很重要,那我们究竟应该怎样教呢?

我们使用的班级授课是夸美纽斯为了"把一切事物教给一切人类的全部艺术"的理想而创造的。而现在,也许正是不能与时俱进的班级授课制成为了这个理想的绊脚石。十六世纪至今,教室的场景几乎没有变化,而工业社会已经跨过信息社会,迎来了人工智能飞速发展的今天。今天所有的职业在未来一大半都可能消失,孩子们将从事的职业很大部分是不可知的。个体的、民族的创新力被提到了前所未有的高度,教育创新就必须从改变旧有的顺应工业时代的班级教学方式做起。

也许我们可以将知识和学习者的顺序改变。知识不再是教学的唯一目标,而是为了培养学习者学习力的台阶和载体。以学习者为中心的教学才是真正有价值的,要将教学的过程变成学习者探索新知的过程。

也许我们可以改变一份教案、一套习题,教会所有学生质疑。每个孩子有着不一样的学习背景和学习起点,在学习过程中需要解决不一样的问题,要关注这些差异,使之成为改造班级教学模式的契机。

也许我们可以改变评价方式,既然知识不再是唯一目标,那么学习态度、学习习惯、学习方法,合作与沟通的能力,提出问题与解决问题的探索精神,都应该成为我们引导孩子学会学习的重要品质。

也许我们可以改变教室的座位摆放……

也许我们可以改变作业的内容方式……

也许我们最需要改变的是我们自己!我们要培养有创新能力、有合作精神的儿童。作为他们崇拜的教师,我们要身体力行,努力成为那样的人!我们需要创造我们的课堂,创新我们的思维,与同行合作,与家长合作,与一切可以成为教育力量的人合作,为孩子们创造一个健康成长的新课堂、新学校!

特别关注:做孩子们的心灵捕手

张慧:做孩子们的心灵捕手

文:徐 倩

2009 年 5 月,MLB 中国 Playball 联赛"钻石杯"总决赛上,主席台上传来了令人振奋的声音:"获得亚军的是——上海理工大学附属小学棒球队!"激动的孩子们紧紧地抱住了他们的教练张慧教师。这一天,他们共同创造了一个纪录,第一次参加全国性的大赛,就拿到了上海在全国联赛上的最好名次。

在体育教师张慧的带领下,上海理工大学附属小学棒球队在全区、全市,甚至全国打响了知名度。不仅是一名优秀的教练,张慧更是学生心目中的好教师。35 岁的张慧用 14 年的教学经验和体育人特有的蓬勃朝气,鼓励和感染了一届届学生。尤其是那些原本性格孤僻偏执的孩子,在张慧的棒球队里训练一段时间后,都有了很大的转变,而他也因此成为学生和家长心目中最受欢迎的教师。

关注每个孩子的"偏心老师"

夏天的棒球训练场上热浪滚滚,小胖子朱哲韩挥去脸上的汗水,费劲地捡着地上散落的棒球。想起刚刚和队友打的那一架,他的心中着实有些后悔,这一架确实是由于自己怕苦怕累、心情不好挑起的,但现在就是拉不下脸去承认错误。

听说朱哲韩又打架了,张慧的心里一沉。这个外号"朱大声"的小胖子,自从进了球队,就没少惹事。要说跑得慢、话痨、大哭包,倒还是其次。最麻烦的就是脾气暴躁、经常打架，就连他自己也丧失了信心，常常嚷嚷着要退队。

"这次或许真的会被'赶'出球队吧。"倔强地咬着嘴唇的"朱大声"心想。

可没想到张慧却若无其事地走到他身边，拍了拍他的肩膀，递给他一根球棒，"来，一起训练吧！""朱大声"有些惊讶。更让他意外的是，张慧告诉他："以后每次棒球活动，老师都陪着你一起训练。从今天开始，我就是你的大师兄了！我们比比看，看谁学得快！"

看着张慧鼓励的眼神，"朱大声"默默地下定了决心。在接下来艰苦的训练里，"朱大声"流过汗，甚至流过血，但是再没有流过一滴泪。在2009年联赛总决赛上，"朱大声"轰出了一记具有决定意义的本垒打，当得知球队获得了亚军的好成绩时，他紧紧地抱住了张慧，泪流满面。

既是教练又是教师的张慧，时刻没有忘记自己首先是一名教师。他一方面将自己学到的知识和技能全心全力地传授给学生；另一方面，他尽量让每个孩子都能得到关注，因为他知道，有时候一个简单的拥抱，或者一个关注的眼神，都可以改变一个孩子。"自己有过自卑的心路历程，所以我对学生，尤其是那些不合群的、内向的孩子，总是特别的留心。"张慧举了他小学一年级时的例子，"那时候我不会跳短绳，想学又怕同学嘲笑，就躲在一边看别人跳。老师也不关注我，偶尔一两次叫我过去跳绳，我就随便甩两下，趁老师不注意了，就又不跳了。"张慧曾经以为自己永远不会跳绳了，但是后来在家偷偷地练习，发现自己跳得非常好，最后还代表学校出去参加了跳绳比赛。

"我越对这些自卑的孩子了解得深，我就越觉得自己有责任去引导他们，激发他们，让他们能够更好地跟团队融合。我自己的体会就是，在这一过程中老师的作用非常重要。"张慧常常反思自己，如果自己的某个学生表现不好，很可能是他的潜能没有被老师挖掘出来，作为老师，一定要多鼓励，尽量做到手把手、一点点地去教他。"我对这些学生特别重视，相对而言，那些性格活跃的孩子，我可能有点忽视了。不过我发现开朗的孩子会主动过来找我，有一次一个调皮的孩子跑来说我是个'偏心老师'，最后我向他道歉了。"张慧有些不好意思。

其实，"偏心老师"一点也不偏心，张慧随时随地关注每一个学生，想方设法为每个孩子确定在团队中的位置，创造健康成长的环境。被大家称为"甘宝宝"的甘俊杰，从小就是家里的宠儿，加入棒球队以后，由于身体素质跟不上，"甘宝宝"没法和大家一起训练。于是张慧给他布置了一项"特殊的任务"——捡球，并且告诉他：在球队中，不分高低，每个人都有自己的位置；即便是捡球，也是一项重要的任务，因为这不仅为大家提供了方便，而且每个棒球都很贵，值得好好保管。在张慧的鼓励下，"甘宝宝"认识到了自己的重要性，把简单的工作越做越好，如今，他已经成为球队中不可或缺的一分子。

爱好摄影的张慧一有空闲，就拿着长焦镜头来到球场上，捕捉每个孩子运动的瞬间，为他们记录下在球队的点滴进步与成长。每年的儿童节，他将这些照片制作成精美的明信片，作为礼物送给孩子们。看着孩子们一张张健康阳光的照片，家长们被感动了。很多家长给张慧发短信说："这是我们孩子收到的最好的礼物！"

不断学习进取的"最佳教练"

张慧出生在崇明农村一个普通家庭，望子成龙的父亲在学业上给了他不小的压力，着急起来甚至说他实在是"不聪明、很笨"。缺乏鼓励，以打击为主的教育方式给张慧带来的是自卑内向的性格。一次，教师让他参加学校的短跑比赛，他到了赛场一看，同组的一个男生看起来高大强壮，他吓得临阵逃脱了，直到比赛结束后才出现。"我当时就是吓得逃走了，后来还特意去看了一下分数，其实这个男生的短跑成绩还不如我，但是不知道为什么我就是特别想逃走，控制不住自己。"说起小时候的事，张慧自己也禁不住笑了。

由于身体素质好，在体育上又有特长，张慧考进了上海体育学院附属竞技体校的田径专业，在体校学习的这四年，是他跨越心理障碍的重要转折期。"自从学习了相关的课程之后，我发现体育对我的帮助很大。"心理学、教育学、生理学、解剖学……在这一新的领域里，张慧像变了一个人，他对自己有了全新的认识。虽然学校里有体育专长的人比比皆是，但在上武术课、体操课的时候，张慧发现自己的身体协调性特别好，每次学习一个新动作，他总是比别人学得快。"原来我也有许多优点是别人比不上的，在我擅长的领域，就可以做得非常优秀。"通过学习体育，张慧对自己也有了更多科学的了解，他提高了自信心，性格也变得开朗起来。

走上工作岗位的张慧，继续不断地学习进取。2007年，上海理工大学附属小学幸运地成为美国职棒大联盟发展中心在中国推广棒球试点学校中的一员，作为一名有

19年教龄的"老教师",张慧第一次接触到棒球,一见便产生了浓厚的兴趣。

面对棒球这一从未涉足过的运动项目,年轻的张慧接手了棒球队的训练与管理。刚开始的每个星期,张慧只能等美国职棒大联盟赞助培训的大学生教练来了,才能开始球队的训练活动。第一年的训练结束后,"现学现卖"的张慧带着棒球小队员们参加了2008年MLB中国playball联赛上海赛区的比赛,出乎意料,半路出家的他们居然打败了很多实力强劲的专业队,最后获得了亚军的好成绩。棒球小子们兴奋了,球队的士气达到了顶点。

尽管第一年已经掌握了一些基本技能,但是张慧还是感觉到自己的棒球水平明显不够。暑假期间,张慧通过大学生教练打听到,上海体育学院有一个外教执教的棒球培训,于是他带着新来的体育教师,冒着酷暑去"偷师"。一连三周,张慧坚持每天都去,从早到晚,从实战技术到理论知识,他像海绵吸水一样汲取着新知识。"我从外教身上学到的不仅是棒球技术,我发现他们有很多细节值得我学习。比方说每次上课,从来不会迟到;而且无论天气多么炎热,他们从里到外的队服都是统一的,因为他们很重视球队的整体形象。"

在不断地学习培训、给自己充电的过程中,张慧迅速地成长起来,他积极地参加各种棒球俱乐部,一有机会就出去打比赛,因为他发现:与训练相比,比赛经验同样重要。于是每年的小学生棒球联赛、标赛、国际邀请赛,张慧都会带着孩子们出去开开眼界。"尽量让每个孩子都能有上场比赛的机会,所以有些比赛我们宁愿放弃名次,也要让弱一点的小朋友得到锻炼。"

"虽然我们获得了比较出色的成绩,球队也常年保持在上海市前三名的水平,但还是有点遗憾,好几次和冠军擦肩而过,不过从另一个角度来说,这也是鞭策我们不断前进的动力。"乐观的张慧始终保持昂扬的斗志,学校棒球队也在他的带领下,取得了突飞猛进的进步。

执教5年来,张慧被誉为"最佳教练",而他带领的球队获得了数不清的荣誉:2009年上海市小学生棒球邀请赛冠军、2010年第14届上海市棒球项目运动会银牌、2011年上海市小学生棒球标赛亚军、2012年MLB中国playball联赛上海区亚军……他还带出了一届届优秀的棒球小球员:全国赛区"最佳防守队员"顾辰彪、上海赛区"最佳打击球员"朱哲韩、上海赛区"最佳投手"徐晨昊……

在校长丁利民的眼里,张慧的身上有一种"勇于开拓进取的男子气概",丁利民感慨地说:"这正是现在很多男孩子身上缺的东西,如果我有儿子,一定会让他跟着张慧学习。"

孩子与家长的"精神盟友"

对于孩子们来说,体育不仅是一项运动,也是一种社交活动。而体育团队精神的培养,在孩子健康成长的道路上起到了很大的作用,棒球队里的每一个孩子,都是发自肺腑地喜欢这个团队。"我加入棒球队,是因为班上有个同学在球队里,他有很多朋友,每天都玩得非常开心,我也想交到更多的好朋友。"棒球技术越练越好的陈赟昊加入球队两年了,他有点害羞地指了指在球场上运动的棒球小子们,"现在他们都是我的朋友了。"

丁利民惊讶地发现,棒球队的孩子们,一到训练时间就欢天喜地的,这在别的团队很少见到。张慧的身上有一种天然的凝聚力,和他在一起,孩子们觉得轻松,没有压力。作为教练,张慧总是陪伴得多,他常常是积极地参与训练,却从不对孩子们指手画脚。

"我虽然关注球队的技能水平,但更为重视的是,如何为球队营造一个良好的团队氛围。"为此,张慧动了不少脑筋。每次比赛结束,张慧会为孩子们举行一个简短的颁奖和升旗仪式,培养孩子们的集体荣誉感。

当然也有一些家长认为玩棒球耽误孩子学习,"刚开始确实有些家长不理解,觉得孩子这么喜爱棒球,耽误了学习怎么办?"张慧给记者讲述了这样一个故事:一个叫侯嘉辉的孩子,他的父亲是开出租车的"的哥",平时没时间管孩子,一旦孩子某方面表现不好,上来就是一顿打骂。"有一次在操场上,我们正训练着,他爸爸就在围栏边,大声地用脏话骂孩子,大致的意思是你不好好读书,在这边瞎折腾。"对于不理解的家长,张慧相信真诚能够打动人。他通过不断的家访,帮侯嘉辉补课,慢慢地感化了孩子的父亲。现在侯嘉辉的爸爸不仅支持孩子打球,甚至在孩子比赛的时候也专门赶来为他呐喊助威。如今,张慧和很多家长成为了朋友,而家长们碰到教育孩子的难题了,也会主动找张慧沟通。

家长的鼓励和支持促使张慧投入更大的热情到球队中。"其实,家长也是团队重要的一分子。我们的家长非常热情，每次比赛，都是自发去加油，而且他们穿着棒球队统一的队服，在观众席上大声地呐喊助威，其他团队都很羡慕。"2009年的全国联赛决赛在上海八万人体育场举行，球队所有家长都自发地来为孩子们加油，甚至有一位做大巴生意的司机家长，放弃了三天的收入，主动负责为他们接送。那次比赛，孩子们发挥得特别好，士气很旺，一路杀入了冠亚军的决赛。

对于家长们来说，他们压根没有想到，自己的孩子平时和赛场上的表现完全不一样。陈彬彬的父母在市区经营一家饭店，忙于工作的他们没有时间关注孩子，造成孩子比较木讷、不合群，家长也很焦虑，不知如何是好。而在球队训练了一年多的时间，陈彬彬不仅交到了很多好朋友，人也渐渐地开朗起来，到五年级的时候，他甚至敢于竞选大队长了。孩子的父母很激动，经常在球赛结束后邀请整支球队去自家的饭店，为大家举办庆功宴。

"我特别能够理解家长们的心情，看到穿着队服的孩子们在比赛中不断地呐喊、与队友相互鼓励的场景，我也非常感动。尤其在比分胶着的时候，孩子们打得很艰苦，但是大家彼此鼓励不要放弃，家长也在场上大声鼓励，最后比分反超时，大家都获得了极大的幸福和满足。"这种幸福与满足正是张慧坚持的动力。

【本文原载《上海教育》2013年第01期】

第 六 章

向着优质均衡出发

　　集团化办学是推进教育优质均衡发展的重要举措。纵观附小教育集团的发展历程，从最初的项目驱动走向价值认同，并非几位校长情投意合的自然结果，而是机制引领下不断深入的探索历程。成员校之间的每一次互动都是一个"机会"，在碰撞与融合中，打破校际间的心理藩篱，彼此走近，合作共赢，成就每一所学校最好的自己！"不一样的学校，一样的精彩"，向着美好的愿景，向着优质均衡的目标，我们共同出发！

第一节　不一样的学校，一样的精彩

一、集团背景

为了深化杨浦区教育组团式实践，实现区域义务教育均衡发展，推动教师校际互动交流，充分发挥教育资源示范、辐射、带动作用，在杨浦区教育局领导下，2009 年成立了"上海理工大学附属小学教育集团"。这是区域第四个小学教育集团，由上理工附小作为教育集团核心校，与周边五所学校（长白二村小学分校、内江路第二小学、水丰路小学、水丰路小学分校、国和小学）形成教育共同体。

与之前成立的名校集团不同，组建之初的附小集团办学基础并不厚实，连作为核心校的附小也"囊中羞涩"：仅 5 名中高，4 名区骨干，这也是当时集团优质师资的总量。集团内各校办学困难不小，外来务工同住子女共 578 名，集中在三所学校，比例分别为 79.7%、51.7%、39.8%。

"做深集团办学内涵，做强集团办学特色，推进教育均衡化，办好家门口的每一所学校"，这是区域集团化办学的目标，也是集团实践与探索的风向标。

基于各校办学传统、特色和生源的差异，集团在探索组团发展中形成了"不一样的学校，一样的精彩"的共同理念。关注各校校情基础与差异，以优质资源的共建共享为抓手，打造教师和干部团队，深化各校内涵发展，整体提升各校办学水平，逐步实现集团各校教育均衡、优质发展的目标。

二、机制引领

集团办学实行民主管理。六所学校的校长、书记共同组成理事会，是集团重大事项的决策层，主要工作范畴包括确立集团章程、制订发展规划及系列配套的管理制度。理事会成立以来，从顶层设计到课程共建，从教师培养到联组教研等，先后协商并推出了《教育集团课程统筹细则》、《教育集团名师整合细则》、《联合教研协议》、《教育集团联组教研主持要求》、《支教教师守则》、《跟教教师守则》、《课程志愿者手册》等制度,细化了特色课程共建、特色师资辐射的办法,促使初见成效的特色亮点成为常态。

2014年,集团为了进一步形成共建共享资源的有效机制,改变核心校单向输出的格局,依据区教育局《教育集团分层考核办法》,我们修订了《集团内部考核评估指标》,使之聚焦教学改进和师资发展,激励各校探索出与组团目标相一致的校本发展之路,鼓励各校主动领衔共同承担组团发展的责任和担当。

2015年,理事会依据年度发展主题、需求和目标,修改考核机制,调整"年度积分制"为"每月积分制",以过程性评价替代结论性评价。

2016年,围绕"质量年"布局,将"学生学业负担和质量"、"骨干教师发展和增量"纳入集团重点考核指标,以"月积分"和"年积分"相结合的评价方式推进过程性管理。

2017年,聚焦集团教师"柔性流动"项目与核心研究项目,优化考核机制,在"学生学业负担和质量"与"骨干教师发展和增量"这两项重点考核指标下,鼓励成员校挖掘自身优势与特色,自主拟定二级指标,形成个性化的"一校一表",明确界定检测点,使"思路"具化为"行动"。

通过以上一系列内部考核机制的推行,成员校优质发展的动力和活力增强了,各校在集团建设中呈现出积极主动的态势。2013—2016年,经集团理事会牵头,集团内共同开展了125次校本培训活动,其中成员校承担了66次,活动的品质逐年提升,获得了集团各校教师的广泛认同。

三、文化共识

"凝聚"是集团发展的首要主题。开展丰富多彩的文化活动,促使教师形成文化共识与价值认同是走向"凝聚"的桥梁。每年"七一"党建日,我们会召开教育集团总结人会,表彰集团内的优秀党员、优秀班主任、师德标兵;每年金秋十月,集团工会联盟会举办集团运动会,强身健体、促进情感交流,"最佳团队"、"默契配合"、"团结协作"等奖项无疑是对团队凝聚力最好的褒奖;一年一度"上理之星"评选,共享上海理工大学的奖学金项目,勉励在科技、艺术、公益等方面表现突出的学生,形成自主、自信、自强的良好学风。

四、教学共研

发挥各校学科优势，形成优质教学资源共建共享，提升集团教学质量，联组教研是重要抓手。从 2013 年"国家基础型课程校本化实施"的试点，上理工附小语文学科组率先牵头集团各校开展"小学三年级单元整体教学"，到 2016 年成员校主动申请、主持"跨校学科联研团队"，形成了 6 支联合教研的主力军，分别领衔语文、数学、品社、英语、音乐、科技学科。教师们在各学科领衔人的组织下定期开展有主题有内容的同研活动，听课评课，交流切磋教学经验。2015—2016 学年间集团联组教研活动共进行了 66 次。2014 年语文学科联组教研组、英语学科联组教研组获得区"特色联组教研"奖。2015 年 9 月，附小教育集团还以"一起携手走过的日子"为主题，举办了面向区域的品社联组教研展示活动。

相对而言，因办学基础差异，学业质量成为了集团各校的短板和棘手问题。

如何以"绿色指标"为引领提升集团整体教学质量，我们动足了脑筋。从改善教学流程管理入手，2015 年开始我们定期开展集团联合质量分析会。基于"课标"研讨命题的方向，分析学情差异，研究教学改进的措施，我们引导干部和教师"不唯分"，但要透过数据看课堂教学的适切度和精准性，透过数据看教学管理精细化和指导性。每次分析会分两个层面：第一个层面，集团各校教师共同参与相关年级的学科质量分析，由各校学科教导剖析问题，指导教学改进；第二层面，由集团理事长主持，各校校长及教导主任共同参与，分析命题趋势及各校学科实况，查找并反思管理过程的疏漏与不足，形成经验共享。

在共同走向优质办学的过程中，我们始终坚持"绿色指标"的引领，经过几年的努力，在 2014 年的上海市绿色指标 12 个综合评价项目检测显示，集团各校均呈现出良好的态势。

五、课程共创

课程共建是集团发展的重要载体。各校充分利用本校和社区资源，因地制宜地研发校本特色课程。

上理工附小自主拓展科目储备量达 107 个,是班级数的 2.6 倍,其中 6 个科目编制了校本教材,4 个科目成为区域共享课程,7 个科目曾公开展示;国和小学研发"和悦"课程,编印《艺术人文》《科技创新》《运动竞技》,全校自主拓展科目储备量达 29 个,是班级数的 1.6 倍;水丰路小学在校本教材《好习惯·好生活》研发的基础上,依托"上海市城市学校少年宫"创建、组建了集邮、击剑、足球等 14 个学生社团,筹建自主拓展科目 40 个,达班级数 2.05 倍;内二小学通过"磁性生活乐园"拓展型课程建设,研发围棋课程,开设了合唱、集邮等 23 个科目,科目量达班级数的 1.64 倍;水丰路小学分校打造"梦想课程",组建国画、手球、影视等 9 个学生社团,开设卡通画、"三模"组、"玩转黏土"等 26 个科目,科目量达班级数的 1.6 倍;长二分校依托校本课程《廿四节气与民俗文化》,衍生了《跟着太阳走一年》《"悦"绘本》,学校自主拓展科目 27 个,达班级数的 2.45 倍。

通过集团课程共建,教育集团在特色课程建设上成果丰硕。集团 6 所学校现有自主拓展科目储备量 252 个。其中内二小学的围棋课程,2013 年从集团共享课程成为了区域推广课程;长二分校的"二十四节气课程"被评为区域优质课程。

为进一步探索建立集团的长效管理和高效运行机制,进一步推动集团化办学实践走向纵深,2017 年底"上海市集团化办学研究中心"在杨浦成立。附小集团参与并承担了"课程研究中心"的项目研究任务。2018 年,我们全面启动集团课程共享机制研究,从成立课程共享中心到自主申报选择,从项目培训、课程移植到评估优化,我们逐渐厘清了课程共享的有效途径。目前,集团内各成员校的课程建设正朝着多元化、特色化方向稳步发展。优质课程资源在集团各校共享,有利于学生获得更丰富、更多元的学习体验。

六、师资共享

教师队伍的专业能力是每一所学校内涵发展的关键。面对校际间师资差异,我们借助组团发展之势,集聚优质资源,开展集团内"教师柔性流动",互补、充实、提升教师队伍整体的专业能力。

2010 年,我们应长白二村小学分校的要求,两校互派英语、语文学科教师进行师资流动。我校骨干教师带着两项任务去往长二分校:第一,在对方的生源背景下,构建有效的课堂教学模式;第二,助力教研组建设。两位教师在长二分校的一年中共示范教学十多次,并与教研组一同摸索适应该校生源基础的教学方式。

这个过程充满着困难,两位教师不仅需要调整生源差异带来的心理落差,同时还要面对高期待带来的压力。最终,流动教师圆满地完成了任务,同时也激发了我们对"教师柔性流动"项目新的思考,开始思考其中的关键问题:为什么流动?怎样流动?什么样的教师适合流动?流动多久合适?以及如何通过流动促进教师的专业发展?……

2015年起,杨浦区试点启动了集团教师"蓄水池"计划,盘整区域资源,为每个试点集团增加10个编制用于开展"教师柔性流动"。2016年,响应区域实施意见,在前期流动工作经验基础上,附小深入推进"集团教师柔性流动"项目。我们委托第三方,针对已有的集团教师流动工作情况进行全面调研。通过调研找到了目前流动工作的优势,如:

- 流动教师认为流动对个人具有较为积极的影响,成效较好;
- 学校为流动教师提供了丰富的交流活动及平台;
- 丰富的交流活动提高了教师专业能力;

……

同时,也发现了存在的问题,如:

- 教师对于流动的意义的理解存在差异,部分教师认识模糊;
- 对于流动教师的评价需要进一步优化调整;

……

基于调研,启动第三轮流动工作时我们锁定了决定流动效果的最关键因素——教师的自主性,尝试换一种思路来推进。对教师个体而言,与其"被流动"不如"选择流动"。在集团流动动员启动大会上,我们通过"过来人"经验分享、调研数据解析、流动政策宣传、各校文化展示等方式,强化"集团人"的概念,鼓励教师们自主报名。10%的硬指标转化为"供不应求"的额度,"选谁去流动"变成"选谁来流动",教师心理的转变迅速提升了师资均衡配置的效度。

另外,"跨校师徒带教"的建设,也是新一轮流动工作的关键点。集团内各校这几年引进不少新教师,尽快提升集团内青年教师的专业能力迫在眉睫。2013—2014学年,集团跨校带教团队有9个,涉及5个学科,18位教师。2015—2016学年,团队增量到 11 个,涉及 10 个学科,27 位教师。作为"上海市见习教师规范化培训基地",附小自 2013 年就研发了"制度、师德、教学"三方面的见习教师规范化培训课程。近年来,通过"跨校师徒带教"机制又为集团各兄弟学校培养、输送了 19 位见习教师,涉及语文、数学、英语、音乐等 8 个学科。在带教的过程中,我们尤其注重班主任队伍的建设,以附小"精彩孩子王"工作坊牵头,整合各成员校的骨干班主任资源,招募了 49 位年轻的班主任加入,提升他们树德育人的理想信念,增强他们的班集体建设、班级管理的技能技巧。

通过以上途径的师资共享,我们逐步把发展重心转向了教师本身,促进了集团骨干教师实现增量:到 2017 年为止,中学高级教师由 5 人增至 17 人,区学科带头人实现了零的突破上升为 3 人,区级骨干从 4 人增至 14 人。这些数据到目前仍呈现良好的上升趋势。

七、新优质创建

2013 年起,教育集团将创建"新优质"作为集团均衡发展的切入口。在这一过程中,"探寻最近发展区"成为了理事会的重要研讨内容。各校校长、书记及教导主任共同探访平南小学、瞿溪路小学、洵阳路小学等上海市新优质项目学校,观摩附小托管的水产路小学"新优质学校展示活动"……一系列的走访、交流与学习,催生着校长们的智慧,鼓舞着大家的士气,引领大家达成了共识:校长的思想和韧性,是办好一所学校的决定因素。

(一) 做好学校三年规划

作为一所学校内涵发展的顶层设计,规划是校长及其团队思考力的体现,是各校最重要的"功课"。集团理事会以各校三年规划的制订和实施为抓手,聚焦各校办学中的瓶颈问题,通过提炼有新意、有实效、能辐射的经验和成果,寻找能够有效解决问题的发展路径。对于已经取得突破、形成了有效经验的学校,加以鼓励和支持,加速其走向全面优质。以附小《学校新三年规划》为案例,我们邀请原上理工附中的特级校长姜明彦为大家作了《学校三年规划诊断与分析》。在此基础上,各校又举办了"学校三年规划研讨会"、"学校三年规划中期总结会",同研共商规划的设计和落地。

(二) 厘清各校办学目标和实践要点

集团请来区督导室谢秋观主任作了题为《凸显综改，强化细则，激励发展》的绩效评价报告，邀请原上海市教科所所长胡兴宏为各校课程建设作诊断，寻找筹建"新优质"的突破口，鼓励各校申报杨浦区新优质项目学校。在附小的带领下，长二分校、国和小学申报成功，组成"集群式发展团队"，进一步探寻新优质的办学路径。

(三) 引领课堂教学转型

课堂教学变革是各校内涵发展绕不开的话题，也是集团内涵发展的重点。转型课堂，校长先要有明晰的方向、深入的思考，更要具备切实的行动力。2017年3月，我们牵头集团集群9所学校，联合举办了"办学理念引领下的课堂教学变革研讨活动"。活动分两个层面：第一层面，9所学校开展"同课异构"，以小学三年级数学学科"组合图形"单元的教学，研讨课堂教学方式；第二层面，结合课堂实践，举办"校长论坛"，各校校长阐述办学理念、课程理念、课堂教学理念，畅谈举措、问题，探索课堂教学转型的路径。活动效果显著，为后续共研课堂，提升各校课程领导力，夯实了基础。正如区教师进修学院朱清一院长参与活动全程后的点评："学校的办学理念与课程实践的转化，期间所体现的正是校长的领导力。只有校长充分发挥引领作用，才能带动教师积极探索课堂转型，提升专业素养。"

八、发展成效

集团发展无法一蹴而就，但我们看到了令人鼓舞的初步成效：

在集团共建机制的推动下，各校呈现出簇新的办学活力，主动承办、参与集团内各项教育教学、文化共建活动，形成了良好的凝聚力。在"柔性流动"及"跨学科联组教研"中，各校教师专业能力获得不同程度的提升，高端教师明显增量。各校学生在区域艺术、体育、科技项目中获奖情况明显提升，至2015年就已经增长了300人次。学校办学质量的提升更带来了生源的变化。以三所学校现有的本地生源情况统计数据看，家长在用"脚"投票：长白二村分校的本地生回流率从15%回升到34%，内江路第二小学从39%回升到54%，水丰路小学分校从41%回升到72%。

集团办学的经验逐步形成了良好的教育和社会效应。2016年,作为试点单位,我们接受了区政府教育督导室开展的"集团化办学督导"。督导内容涉及集团办学水平、学校办学水平、集团(学校)课堂教学水平、教师柔性流动制度执行情况等。这是全市第一次由政府分管部门对教育集团工作进行的全面评估,从学校、教师、学生的获得感来考量集团发展的成效,为后续各教育集团发展工作的评价提供了参考指标。督导反馈中,原国家督学杨国顺给予了我们集团高度评价:"不一样的理念,办学愿景一样的经典;不一样的改革,课堂教学一样的精致;不一样的学校,学生发展一样的精彩!"

第二节　把握"机会",建构"空间"

上海市中小学集团化办学起步较早。2005年起上海市杨浦区教育局就以小学名校为核心校,试点组建教育集团,先后成立了以打虎山路第一小学、杨浦小学、控江二村小学、上海理工大学附属小学为核心校的4家小学教育集团。12年来,杨浦区对以教育公平为诉求、以优质均衡为目标的教育集团化战略进行了大胆的实践和创新,把推进小学教育集团化作为放大优质教育资源的突破口,探索一条以集团化办学促进基础教育优质均衡发展的道路。

这是挑战,也是契机。借助这个平台,上海理工大学附属小学教育集团于2009年正式成立。作为第四家区域教育集团,我们充分借助上海理工大学的资源优势,发挥核心校附小的示范辐射作用,实施名师统筹、资源共享、优势互补的策略,构建了由2所中心学校、3所普通学校组成的教育发展联盟体。纵观整个过程,由地域相近的学校组成的联盟,集团各校之间能够形成紧密的合作共赢关系,虽非"自由恋爱",但却是通过机制引领不断形成的具有共同信念的整体。我们的集团发展之所以能初见成效,关键因素有两点:第一,教育局根据集团发展的节奏不断推出新的机制引领发展;第二,全体校长在联合发展的过程中展现出共建共享资源的价值取向,积极谋求共同发展的智慧。主要体现在以下方面:

一、集团办学"心理空间"的逐步趋同和自主

杨浦区教育局 2009 年颁布的《关于进一步深化小学教育集团发展的实施意见》提出:"进一步完善小学集团理事会管理机制、集团内'教师流动'机制、集团各项激励机制;设立集团专项工作经费与奖励经费,为小学教育集团进一步深化发展提供政策保障。"根据《实施意见》,区域层面建立了理事长例会制。理事长例会由杨浦区教育局领导、相关业务科室、集团理事长共同组成并参与。例会每学期举行 2—3 次,主要议题是制订计划、开展阶段回顾、反馈项目推进情况;组织各集团进行重点实施项目的展示研讨,聚焦问题,寻求突破。与此同时,教育局还通过"集团办学章程制、理事会议事制、分级评估制、专项经费制、项目驱动制"等各项机制,对原有的学校评估、资源分配等方面予以突破和创新,有序地推动集团化办学的发展与深化。市教委和区教育局每年也对教育集团投入专项工作经费。

借助下达的政策和资源优势,我们筹建了"附小集团理事例会制"。通过集团理事会共同商议集团内的经费申报,评估项目经费的基础条件、前期工作,制订项目计划实施进度,设定项目绩效目标、实施内容、实施预算,通过规范合理的项目经费运行管理等机制建设来推动集团组建从"被动"到"共谋"。

但我们也强烈感受到除需要机制捆绑的外力,我们更需要心理趋同及自主发展意愿的内力。因此,抓"教师发展"、抓"课程建设"就是激发内驱力的两大核心工作。结合区域课程领导力三年行动计划,我们以课程领导力建设项目为载体,通过课程共建、资源共享的方式,推进集团"学校特色校本课程建设"和"基础型课程校本化实施"。为扩展集团优质资源的覆盖面,发挥集团学校优势学科的影响力,我们大力支持筹建"教研联合体"。由集团内的优秀教研组联合其他各成员校教研组组成教研同盟,制订"共建协议",定期开展教研活动,组织专题研究。同时,以"教师柔性流动"、"跨校联聘"、"名师工作室"、"骨干带教"等方式激活各成员校自身的"造血"功能。

一系列的举措逐步促使我们集团内部成员校在心理空间上的紧密化与一体化,又在不断趋同中呈现出自主独立的发展态势。譬如,作为集团核心校的上理工附小成为首批上海市新优质学校,名校效应影响着集团内各校。国和小学、长二分校也通过自主申报,先后加入"新优质"的行列,从一所普通学校成长为区域的新优质,学校的地段

生流失率逐年下降,择校现象获得缓解。

二、集团把握"机会"、突破"空间"的历程

成员校的心理空间关系实则是集团成员间内在关系模式的互动体现。内在的关系模式是一切其他关系构建的基石,但这并不意味着恒定不变。我们发现,成员校之间的每一次互动都是一个"机会",一个能够促进彼此心理改变的"机会"。这是一个值得回味与思考的历程。

(一) 最初的"机会"——让成员校走到一起

2009 年,上理工附小作为核心校携手周边 4 所学校组成了教育集团。面对这个"非紧密型"共同体,新生的集团家庭需要彼此的认同接纳,更需要互相的促进扶持。这个过程充满问题和困难。虽为核心校,但附小还是一所成长中的新优质项目学校,一样缺乏足够的优质师资去发挥引领和辐射作用;整个集团 300 多名教师中高端教师数不足 10 人;集团内三所学校外来务工人员子女 578 名,比例分别高达 39.8%、51.7% 和 79.7%。面对并不厚实的办学基础,集团理事会做的第一件事就是"整合资源"——动员大家亮出所有的教师和课程"家底",放在台面上供各校自主选择分享。为了保障这一举措的实施,集团理事会依据《上理工附小教育集团章程》,从运作机制入手,先后出台了《教育集团理事会例会制度》、《教育集团课程统筹细则》、《教育集团名师整合细则》、《志愿教师工作手册》。为进一步保障"名师整合、课程统筹"的有序运作,理事会还明确:第一,理事会在师资柔性流动上有一定的权限和职责;第二,统一各校"半日活动"作息时间,为"课程统筹"提供保障;第三,探索师资流动中"支教、游教、带教、研教"等灵活的方式。之后理事会又通过两轮《教育集团三年规划》,以及《联合教研协议》、《教师柔性流动细则》以细化集团共建办法。

这些机制和举措切实解决了集团新生阶段的迫切问题。2009 年集团共享课程仅有上理工附小的《心理健康教育》和水丰小学的《生活与德育》。2014 年通过更新替换,集团共享课程达到了 8 门。2009 年,集团拥有中学高级教师 5 人、区级骨干教师 4 人;2014 年集团中学高级教师达到 14 人、区学科带头人 3 人、区级骨干 14 人。

(二) 价值认同的"机会"——让成员校形成共同的价值追求

集团办学的最终意义是区域内义务教育均衡、优质、特色发展,但如何让集团每个师生能够切身感受到"不一样的学校,一样的精彩"? 集团亟需一个"机会"来凝聚和引领大家走向共同的价值追求。

2010年集团将原先"上理工大学教育基金会"奖励附小学生的"上理之星奖学金"的惠及范围扩大到教育集团各校,共同参与其中"公益之星"、"自强之星"的评选活动。7年来,该项奖学金鼓励了除附小外的各校近50名学生。当来自不同家庭背景的孩子们共享荣誉时,他们自信的笑容再一次打破了校际壁垒,让集团全体师生体验到:在集团中,每一所学校的教育梦想追求是一致的,我们要让每一个孩子成为最好的自己。

(三) 各显精彩的"机会"——让成员校成为最好的自己

心理藩篱逐渐被打破,融合后的成员校在目标和价值上不断趋同。然而又一个问题摆在我们面前:办好教育集团,是复制几个上理工附小? 还是让每一所成员校都能成为最好的自己?

"不一样的学校,一样的精彩。"集团管理核心应源于各校的真实需求展开,帮助成员校设立合理目标,通过提供"指导"、"支持"等个性化服务,帮助其克服困难,实现目标。

"新优质"学校的价值取向及教育联盟的目标导向,都在引领学校探寻"最近发展区",探索走向优质的路径。我们发挥附小作为市级"新优质学校"的资源作用,带大家探访了平南小学、瞿溪路小学、市西小学等一批新优质校,感悟办学的起点不能决定终点,校长及团队的智慧、信心和韧性才是决定办学走向的重要因素。成员校依托集团提供的视野平台,不断转变观念和目标行动,逐渐找到了各自的发展目标和路径:

◆ 国和小学:倾力打造与"和谐教育"相匹配的"和悦"课程。
◆ 内二小学:借助围棋特色,成为具有鲜明个性的"磁性"学校。
◆ 水丰小学:践行"上善如水,大爱得丰",孕育"如水"文化。
◆ 长二分校:构建师生成长的"彩虹校园"。
◆ 水丰分校:全面构建"以生为本、多元丰富"的学校课程。

(四) 一群人一起走的"机会"——让成员校共同承担责任

当集团成员学校显现办学个性时,集团就需因势利导,改变以"核心校"为主的优势输出格局,引导大家共同承担起集团发展的责任。

通过共享课程实现各校师资柔性流动;通过重点项目推进共研教学与评价;通过领衔联组教研,实现分工主持⋯⋯在一系列的工作中,建立和完善集团成员校的考评机制是关键要素。2014年,依据杨浦区教育局《教育集团分层考核办法》,我们拟订了《集团内部考核评估指标》,旨在借助具体的目标要求引领各校探索与组团目标相一致的校本发展之路,鼓励各校主动领衔、积极参与各个考核项目,共同承担起集团均衡优质发展的责任和义务;2015年,我们基于2014年度集团内部考核的经验,修订了集团内部考核机制,将原先"年度积分制"调整为"每月积分制",以过程性评价替代结论性评价,推动成员校在集团建设中发挥作用,增强成员校优质发展的动力和活力;2016年,依据教育集团"质量年"的实施重难点,我们又设计"月积分"和"年积分"相结合的考核指标,进行过程性评价管理,同时将"学生学业负担和质量"与"骨干教师发展和增量"作为各成员校的核心工作,指向更为明确有力地实施年度工作。

俗话说"要走得快,那就一个人走;要走得远,那就一群人一起走"。共同发展不仅是集团继续前行的目标,更是展望未来的蓝图。集团管理为成员校提供了更多的发展平台、更强的责任心,让学校与学校彼此联接,形成良性互动。各校不仅收获自主的成长,更积淀了融合的情谊。

第三节　读懂这个共同体,一个理事长的自问

集团成立之前二十多年的办学,考虑更多的是怎样办出一所好学校。对于"好"的定义,是相比较而言的。那就是,比以前更好,比别的学校更好,获得更好的社会声誉。所谓社会声誉,是超越同行之上的先进和卓越。为此,我们会研究行业的标准,找到行业的标杆,超越它,直至自己成为行业标杆。期间,围绕竞争的一系列行为,比如争取资源,包括教师、设备、培训等等,成为先进的一切机会都变得理所当然。

至今记得有一年招生结束,相邻学校的一位老校长给我打来电话:"丁校长,你招了多少学生? 你知道我招了几个? 两天,10位教师招了3个学生! 你是不是把我的学生都招到你们学校去了?"当时的我没有任何窃喜,除了委屈,更多的是难过。我确

实没有收他的学生,划片招生,我们学校一直都是满满的,而且越来越满……而两天招3位学生的场景也让我心疼。如果这是竞争带来的结果,我希望他和我一样有力量,甚至比我做得更好。

2009年开始的集团化办学,让我对办学中的种种理所应当有了新的认识。集团,作为指向教育优质均衡发展的一个重大举措,实施最初是艰难的。我曾经打过这样的比方:先结婚后恋爱。各怀心事的联盟,与散沙无异。走到一起,形成共识,对教育的共同理想和追求才能让联盟有力量来解决实现均衡道路上的各种问题。更重要的是,我们要放下惯性思维,将你的、我的,变成我们的、国家的!站在更高的境界,才能成为一名称职的集团办学的校长。

实现均衡,是模式化复制?

在集团成立的最初,我们就以积极的资源取向看待每一所学校的发展,无论现实如何困难重重,每一所学校都有曾经的辉煌、现有的潜力。作为独立法人的松散联盟,如果以一种办学模式去复制,做不到也没有必要。因此,"不一样的学校,一样的精彩"成为上理工附小教育集团的办学理念。在集团内部考核中,围绕教育局的考核要求,我们鼓励每一所学校寻找自己的最近发展区,依据学校发展规划,编制个性化、特色化的指标。指标不仅凸显集团发展的重点和亮点,更体现办学思想引领下每一所学校的目标实现。

长二分校以"二十四节气"的校本课程研发,提升了教师的信心,主动寻求集团的支持,教学质量有了明显的进步,摆脱了落后的局面;水丰分校构建"梦想教育"的顶层设计,形成特色鲜明的学校文化,团结高效的管理团队,教学质量与上理工附小不相上下;水丰路小学确立"上善若水,大爱得丰"的办学理念,以文化立校,办学更上了一个台阶,本地生回流率年年攀升。

我们亲历见证了这些学校的发展,他们的很多做法更是值得我们学习和借鉴的经验。我们期待集团未来的发展如杨国顺督学的点评:

不一样的理念,办学"愿景"一样的经典;

不一样的管理,制度建设一样的精细;

不一样的改革,课堂教学一样的精致;

不一样的探索,校本课程一样的精品;

不一样的起点，师资素养一样的精湛；

不一样的学校，学生发展一样的精彩。

实现均衡，是"削峰填谷"，还是"扬峰填谷"？

为了均衡就"削峰填谷"，是我一直以来都反对的。但是当集团进入教师流动环节之后，我发现这是现实，无法回避和否认。教师的流动是双向的，既有我们的教师流向成员学校，也有成员学校的教师流向我们。当我们的家长站在我面前，说希望换回原来的教师，当教导主任拿着质量分析报告看着我的时候，我对自己说"这就是均衡"，我对我们的团队说"我们要做的，就是通过流动，让每个流动中的教师得到提升，同时带动一个团队的提升，让更多的教师实现专业发展"。每年的新生家长会上，我会就师资安排对家长解释集团教师的概念，集团内都是我们的教师，不分彼此。

教师流动实现教育均衡，尤其是实现教师专业发展，仍有很多的问题需要解决，比如：怎样设置教师流动时间更加合理？既然骨干教师流动后都承担了相应的教学管理职责，是不是直接进行中层干部的流动更加有效？……同时，我们也必须意识到，均衡发展不会一蹴而就，一定是一个长期的分阶段实现的过程。也许，某一个阶段中就是不可避免地需要"削峰填谷"，才能在更长远的发展中实现"扬峰填谷"，让强的更强，弱的渐强，在加快发展中求均衡，在均衡发展中求公平。

集团化办学的实践，使得我们有机会在更高的境界思考对学生的爱。当另一所学校的孩子缺教师时，我们会一样的担心，我们会努力派出支援教师。我们不再执着于竞争，我们会关心更多孩子的健康成长。在考虑师资配置时，我们会着眼于集团整体需求，规划优质师资的辐射引领。合作与发展是经济政治的发展战略，同样适用于教育。教育者携手合作，共同探索教育的规律，培养更多的人才。为了更多孩子的健康成长，我们心连心，手牵手，办好自己的学校，办好更多的学校。

集团化办学的意义也许还不止于此，《三国演义》开篇便是"天下大势分久必合，合久必分"。集团只是形式上的联盟，分分合合，经久轮回。正所谓"一个人走，可以走得更快；一群人走，可以走得更远"。教育需要敢于创先的探索者，教育事业是国家长远发展的保障，作为教育者，只要心中有学生，有对教育事业的大爱，无论怎样，我们都可以打破心中的藩篱，用不懈的努力去实现我们的教育理想。

第四节 督导——发现之旅,启航之笛

2016 年 11 月,杨浦区教育督导室对上理工附小教育集团,包括我们学校在内的 6 所学校进行了办学水平综合督导。如何接受对集团办学的综合督导,没有先例可循,对于督导室也同样是一个新的课题。整个督导过程既要梳理以上理工附小教育集团为案例的杨浦区集团化办学的经验,又要总结和积累对于集团督导的第一次经验。这是一次考试,更是一次合作。

接受督导,是校长专业发展的重要功课,如何把家底盘点清楚,展现学校以及集团办学的风貌,不仅是对办学综合水平的考验,也是对校长办学理念的检视。

上理工附小教育集团从 2009 年成立以来,为指向义务教育优质均衡发展的办学目标,我们厘清了这样一些路径:

- 共建课程培养教师课程研发能力
- 教师流动促进教师的综合能力
- 见习教师基地锤炼新教师基本功力
- 跨校带教提升骨干带教能力
- 联组教研增强教师教研能力

围绕“不一样的学校,一样的精彩”这一组团发展理念,成员校在集团带领下从校情出发盘点资源,不断增强的积极性、不断缩短的校际差距、逐年上升的家长满意度、逐年下降的本地生源流失率等等,无不彰显着各校办学活力和特色。

本次督导,教育局督导室基于教育局对教育集团“集团管理与内部考核、课程建设与教学管理、干部队伍与教师发展”三方面考核指标,以及教育发展性督导的要求,拟定了“文化共识、课程共创、教学共研、队伍共建、成果共享、特色加分”六个方面作为杨浦区小学教育集团办学水平督导指标。依据督导指标,我们则从“发展”的角度,聚焦“发展目标、发展潜力、问题诊断、关键因素”四个维度梳理办学经验,编制个性化、特色化指标。指标不仅凸显了集团发展的重点和亮点,更体现了办学思想引领下的目标实现,以及价值增值的路径取向。

集团督导,也是对 6 所学校的督导,每一所成员校都倾力合作,积极准备。通过教育督导,集团成员校在增强办学信心的同时也发现了"课程与教学的领导力"是未来办学中首要的核心能力。

作为校长,工作中往往习惯于按照行政的要求去保质保量地完成项目和任务,一年到头忙忙碌碌,完成一项又一项任务,几乎没有时间停下来思考。而教育督导,则要求你回答"你想做什么、怎么做、做得怎样",并提供证据。接受督导的过程,便是校长梳理思想到实践,形成合理逻辑,展现办学智慧,探索办学瓶颈问题,寻求未来方向的发现之旅,充满刺激和挑战。

在接受督导的过程中,有幸结识很多富有经验的督导专家,让我们感受到"督"的目的不在于评判学校的优劣,工作的好坏,也不是越俎代庖,而是调动自身的主观积极性,培育智慧,理清思路,燃起热情,促使工作做得更为有效,学校发展更为兴旺。集团是新生事物,需要我们整体规划,战略思考,稳步推进。而专家的指导,导在点子上,让校长、教师在困惑时看清方向,看到希望。

本次教育督导最终在大家的共同努力下获得圆满成功,正如杨国顺督学的点评:不一样的理念,办学"愿景"一样经典;不一样的改革,课堂教学一样的精致;不一样的学校,学生发展一样的精彩。我本人也有幸被区督导室聘为兼职督学,能站在督学视角检视自身办学,在评价和实践之间切换,也许可以使评价更精准,让实践更有效。

督导,是发现之旅,是起航之笛。厘清集团化办学的实践成效,明确集团发展的愿景与路径,我们需彼此携手合作,为实现优质均衡助力。

特别关注:上海教育均衡策

上理工附小带动"菜场学校"沪籍生增加

澎湃新闻记者　俞　凯

在上海理工大学附小教育集团的光荣榜上,有些孩子成绩并不特别突出,但不妨碍他们和学霸型的优等生一同站上领奖台,他们凭借自强、给他人送去温暖而成为最好的自己——这正是上理工附小教育集团办学的意义所在。

在上海杨浦区,上理工附小教育集团成立的时间算是比较晚的,2009 年成立,彼时杨浦区已经有了 3 个教育集团。上理工附小教育集团的知名度和办学条件也比不上打一小学教育集团、上音实验学校教育集团,集团内除了核心校上理工附小及水丰路小学的生源较好、师资力量较强外,另外 4 所学校长白二村小学分校、内江路第二小学、水丰路小学分校、国和小学的外来务工子女都比较多,有的学校甚至 50%～80% 的学生是外来务工子女。

不过,上理工附小教育集团通过开展联组教研,实现优质师资的柔性流动,带动集团内各校提升教育水平。目前,长二分校的沪籍学生比例已从 2009 年集团刚成立时的 20.3%上升到 43.5%,6 年增长近三成,昔日的“菜场学校”对沪籍学生及其家长的吸引力正逐年上升。

学生靠捡废品自强不息获奖学金

水丰分校有位男同学叫杨朔,是个热心公益的孩子,他带领同学们清洁校园、号召大家义卖捐赠、组织夏令营探望老人,总能给人带来活力和温暖。

国和小学有位自强不息的女生叫孙艳,她的父亲靠残疾车才能出行,她自己也受到遗传影响行动不便,然而,懂事的她经常捡易拉罐和水瓶,从不跟家人吵着添新衣。她说,这样做既能清洁环境,又可以贴补家用,穿别人的旧衣服也很美丽。孙艳以她的乐观勤奋,赢得了师生们的尊重……

像杨朔、孙艳这样的孩子也许成绩并不是拔尖的,却因为自己在不同的学校演绎的精彩故事,在教育集团平台上有着同样的名字——“上理之星”。从 2010 年起,上理工附小将“上理之星”的奖学金计划惠及到了整个集团。在“公益之星”和“自强之星”评比中,昔日“菜场学校”的外来务工人员的孩子,也和上理工附小的奖学金获得者站上了同一个领奖台,这让集团办学的意义更加凸显:让每一个孩子都成为最好的自己。

"菜场小学"沪籍新生比例逐年上涨

一位家住延吉街道的学生家长对澎湃新闻(www.thepaper.cn)记者表示,长白街道、延吉街道、定海街道原本对口学校都是上理工附小,但是周边优质的学校就这一所,如果碰到出生高峰年,入学报名人数就会远远超过上理工附小的计划招生名额。"作为学生家长,我们最关心的是'名校'如何带领'弱校'共同发展,更在意'名校'的优质资源能否在集团其他学校流动和共享。"

如何看待集团化办学的成效和学生家长对这项教育改革的欢迎程度呢?上理工附小虽然每年的一年级新生中沪籍学生比例始终是100%,但新生入学人数却从2013年的281人下降到去年(2015)的275人和今年(2016年)的237人,不少超过招生计划数的新生被调剂到了名额尚有富余、教学资源同样丰富的成员校;原本外来务工及农民工子女占到八成的长二分校,也随着集团化办学条件的提高扭转了人们眼中"菜场学校"的旧有印象,沪籍新生比例已从2009年的20.3%逐年上升到2013年的24.6%、2014年的33.8%和2015年的43.5%,表明对学校周边上海本地学生及家长的吸引力在增强。

首批加入"新优质学校"项目

上理工附小教育集团理事长、上理工附小校长丁利民坦言,2009年刚成立的附小集团办学基础并不深厚,各校差异较大。集团理事会做的第一件事就是"整合资源",动员大家亮出所有的教师和课程"家底",放在台面上,供各校取用分享。办好集团共同追求是"不一样的学校,一样的精彩"。集团管理核心应源于各校的真实需求,通过提供"指导"和"支持"等服务,帮助成员校设立合理的目标,克服困难,实现目标。

2010年,上理工附小首批加入上海市"新优质学校"项目,"新优质"学校的价值取向和教育联盟的目标导向都在引领学校探寻"最近发展区",发现走向优质的路径。因此,集团以各校三年规划为抓手,聚焦问题和瓶颈,提炼有新意、有实效、能辐射的经验成果,逐渐找到各自的发展目标和路径。

优质师资柔性流动

上理工附小教育集团成立 6 年来做的一项主要工作就是组建灵活多样的校际联合团队，开展联组教研，实现优质师资的柔性流动。在集团秘书长、上理工附小副校长徐晶提供的《课题项目研究团队活动表》上，记者看到，2014 年由上理工附小牵头，组织各成员校骨干教师开展国家课程校本化实施项目"小学三年级语文单元整体教学"课题研究活动 4 次、公开教学研究 4 次、经验交流 2 次。

2015 年，集团跨校带教团队有 11 组，涉及 10 个学科、27 位教师。2009 年，集团只有中学高级教师 5 名、区级骨干教师 4 名，而到 2014 年，集团的中学高级教师已达到 14 名，区级骨干教师增至 14 名，并涌现出区学科带头人 3 人。"徐晶说。

【本文原载《澎湃新闻网》2016 年 1 月 11 日】

附件一:

上海理工大学附属小学发展规划

为了进一步优化学校发展机制,巩固学校办学成果,明确学校发展方向,凸显学校办学特色,提升学校文化品位,遵循习近平新时代中国特色社会主义思想,依据《杨浦区教育综合改革方案》和《杨浦区教育事业发展"十三五"规划》的精神,结合本校实际,在总结过去三年学校发展成效的基础上,制订学校新一轮三年(2018—2020)发展规划。

一、学校发展的基础与现状

(一)发展规模与生态

上海理工大学附属小学是杨浦区一所公办小学。学校前身是杨浦区长白二村小学,创办于1953年,2006年6月教育局布局调整,在原址基础上扩大面积重建校舍。2007年9月新校舍落成,同时更名为"上海理工大学附属小学"。

学校占地面积23399.1平方米,建筑面积14328.84平方米,拥有现代化的体育馆、创新实验室、图书馆等,教学设施一流。

现有40个教学班,1376名学生,120名在职教师。教师本科学历达标率75.86%,大专达标率8.62%,硕士研究生15.52%,中学高级教师6名,小学高级教师56名,小学一级教师54名,小学二级教师1名。教师队伍平均年龄38.5岁,其中35岁以下青年教师48名,任职条件达市级标准。

学校先后被授予教育部基础教育司和谐校园、第一批全国学校体育工作示范学校、上海市文明单位、上海市(见习教师)培训基地、上海市艺术特色校、上海市体育传统项目学校、上海市"立德树人"体育教育教学研究基地、上海市中小学心理健康教育示范校、上海市平安示范单位、上海市安全文明校园、上海市行为规范示范校等殊荣。

（二）发展优势与经验

1. 坚持依法办学的学校管理取得新绩效。2014年—2017年，学校坚持依法办学，不断完善与成熟度相匹配的管理机制，寻找契合的管理方式，引领管理团队、师资队伍持续成长，推动学校内涵的深度发展。管理中，行政处、德育处、教学处、后勤处分工协作，形成了管理层级分明、权责清晰、运作高效的校长负责制管理模式。同时，学校积极发挥教师、家长、学生的主体作用，有效实施校务公开、教代会、少代会等民主管理机制。并依托高校、社区等丰富的社会资源，积极建设家长委员会、家长学校，招募家长志愿者、大学生志愿者等，形成合力加快推动学校目标建设。

2. 坚持质量提升的课程教学取得新突破。学校贯彻落实上海市"基于课程标准的教学与评价"精神，投入杨浦区创智课堂建设。立足国家基础型课程校本实施，聚焦"关注学情，关注差异"的课堂教学实践，引导教师了解学生学习过程中的个体差异，转变教学理念，改进学习方式，努力构建"尊重差异、自主合作"的课堂文化；围绕学校育人目标，调整、研发对应目标的校本课程，设计相应评价，促进学校课程的整体发展。

3. 坚持立德树人的素质教育取得新实效。围绕"健康、乐群、探索"育人目标，探索少先队活动课程化，通过行规养成、社会实践、社团活动等满足学生成长需求，培养身心健康、习惯良好、乐于探索、主动实践的合格小学生，彰显附小学生精彩。学生在合唱、棒球、篮球、足球、击剑、头脑OM、机器人等多样的社团活动中享受学习的快乐，在各类活动、竞赛中体验成功与失败，获得发展。在由上海理工大学教育发展基金会设立的"上理之星"评选中，学校先后共有129名学生荣获"上理之星"的光荣称号。近年来，学校科技、艺术、体育教育成果在杨浦区始终名列前茅。

4. 坚持专业成长的教师队伍取得新优化。基于教师个人和团队发展的瓶颈问题，学校通过改革内部人事制度、改变教师培训模式、团队项目引领个人发展等方式有效实施师资管理，打造"爱心、专业、合作"的优质教师团队，实现高端教师增量。其中特级校长1名，区学科带头人2名，区骨干教师9名，学校金牌骨干教师13名，校银牌骨干教师21名。荣获各级各类荣誉称号的教师占总数34％，在全国、市、区级各级各类教学比赛中获奖教师占总数16％；在全国、市、区进行公开教学的教师占总数79％。

5. 坚持优质发展的集团集群取得新进展。2009 年成立了上理工附小教育集团，2016 年 12 月学校和集团同时接受了办学水平综合督导，受到专家和督导组的一致好评。2013 年托管宝山区农村学校两年，2014 年结对帮扶贵州遵义学校。2016 年联合区内 5 所学校结成"新优质集群项目校团队"。在集群集团发展工作中，学校始终发挥市级"新优质"学校的示范辐射作用，以协作团队的形式共享资源、共同合作，为积极推进区域义务教育优质均衡发展贡献着自己的力量。

（三）面临问题与挑战

1. 学校规划制订与实施仍需进一步完善。一是规划体系和文本有待进一步优化，规划实施过程中的自评工作有待加强；二是学校各类工作总结等文本对工作中存在问题或不足的思考有待进一步深化，对后续改进工作的思考与措施不够具化；三是教师制订了个人三年发展计划，但是缺乏对教师个人规划的过程管理和评估。

2. 差异课堂建设与探究仍需进一步深化。学校针对"关注学情、关注差异"的教学理念制订了"基于学生差异的课堂教学策略研究"项目，项目研究的目标和内容有待进一步细化与分解。教师还未将"尊重差异、自主合作"的课堂教学理念内化为自身的价值追求。

二、学校发展的思路与目标

（一）办学理念新解读

"不一样的生命，一样的精彩"是我们共同的追求。

我们将致力于办这样一所学校：在我们的眼中，每个学生是如此不同，如此重要。我们的教育顺应每个孩子的天性，构建温暖平等的师生关系，珍视差异，鼓励质疑，鼓励探索，鼓励表达，让学习真实发生，让层出不穷的创造力成就生命的精彩。

（二）学校发展新思路

基于"不一样的生命，一样的精彩"办学理念的新内涵，依据核心素养，细化"健康、乐群、探索"的育人目标；聚焦目标中指向学生适应未来社会发展的身心健康品质，以及创新思维与创新能力；在成就学校精彩课堂、精彩课程的过程中，通过有效的方法和策略,成就教师群体的专业成长,落实学生健康身心品质的养成,及创新思维、创新能力的培育,赋予学校新优质发展新的文化内涵。

(三) 学校发展新目标

1. 围绕学校育人目标新内涵,营造"关爱生命,尊重差异"文化,优化校园身心环境、优化课堂环境,孕育关爱生命的情怀,促进学生健康身心品质及创新思维、创新能力的形成。

2. 变革课堂的学与教,形成"尊重差异、自主合作"的课堂文化,增强教师岗位创新的能力,激发教师自主发展的内驱力,成就教师团队的专业发展。

3. 完善校本课程的顶层设计与下位实施,优化课程活动与课程评价,形成互动效应,培养学生创新意识、创新能力。

(四) 学生成长新追求

"健康、乐群、探索"是我们一以贯之的育人目标。我们希望孩子们获得身心和谐发展,始终保持敏锐好奇的天性,善于发问,勤于思考,勇于创新,尊重规则,拥有合作意识,在各种体验中快乐成长。

(五) 教师成长新样态

"爱心、专业、合作"是学校教师拥有的团队精神。新一轮发展中,我们将聚焦学生创新能力的培养,尊重并欣赏生命的不同,提升解读儿童的能力,构建温暖、平等的师生关系,鼓励学生质疑和探索,主动变革学与教,成为课程创新的实践者。

三、学校发展的任务与举措

(一) 学校管理

[发展目标]

坚持依法治校,推行育人目标管理和民主监督管理制度。紧紧依靠全体教职员工,运用有效的激励机制,精简管理,提升中层干部执行力,使管理工作逐步由经验型向科学型转变。不断完善与学校发展成熟度相匹配的管理机制,梳理和完善学校各部门工作机制,实现从管理到服务的观念转变。加强对学校三年规划的过程性管理与评估,保障学校发展规划的落地与达标。

[主要举措]

1. 坚持用办学理念引领学校文化建设。

遵循"用办学理念引领学校文化建设"的思维和原则,着力创建以"不一样的生命,一样的精彩"办学理念为内核的学校文化,依靠"整体化、课程化、过程化"的主要建构方式让学校文化逐渐呈现出活力。进一步优化校园人文环境,以物质文化建设为载体,推动校园视觉文化建设,着力创设良好育人环境;以精神文化建设为支撑,完善校园育德机制,探索素质教育新途径。

2. 坚持用育人目标引领学生快乐成长。

树立育人为本的教育观,坚持"健康、乐群、探索"的育人目标,遵循学生的身心成长规律,尊重学生发展的主体地位,真诚关心每一位学生的成长,让学生在师爱的传递中获得安全感、快乐感,促进学生主动生动活泼地发展。改进课堂育德和活动育德的教育方式,精心设计基于培育学生核心素养的校园文化活动,设计并开展相关教师培训,用育人目标滋润学生心灵,滋养学生成长。

3. 坚持用发展规划促进管理机制完善。

一是提高学校发展规划的执行力。通过全校成员参与规划的制订、实施和评估,提高规划的成员执行力。明确学校领导和全校教职工在规划实施中的职责,确立规划管理流程。二是实施"分阶段实施、分阶段落实"策略。学校各重点实施项目和系统优化项目需要制订详细的实施规划,内容包括目标理念、策略方法、分年度内容、规划评价、达成指标等方面,尤其在构建自评指标体系、采集自评信息和处理自评结果方面进行深入的研究与实践;同时通过每学期工作计划的制订,细化近期工作任务,明确重点,提高实施规划的清晰度,以提高规划的执行力。三是整合校内外教育资源,重视学生、家长、社区在学校规划制订、实施与评估中的作用。

表 20　三年发展规划检测指标

年度	项目	检测指标
2018	细化育人目标	1. 形成学校育人目标的二级指标； 2. 每学期至少开展 2 次相关教师培训。
	校园环境建设	1. 形成校园环境建设方案； 2. 完成 2—3 处校园标志性景观的建设。
	三年规划过程性管理与阶段评估	1. 结合学校三年规划中各部门规划检测指标，形成学校规划达成度自评指标（初稿）。
2019	细化育人目标	1. 每学期至少开展 2 次相关教师培训。
	校园环境建设	1. 调整校园环境建设方案； 2. 再完成 2～3 处校园标志性景观的建设。
	三年规划过程性管理与阶段评估	1. 结合学校三年规划各部门规划工作调整情况，修订学校规划达成度自评指标。
2020	细化育人目标	1. 每学期至少开展 2 次相关教师培训； 2. 形成相关教师培训设计方案与活动集； 3. 设计问卷并进行调研，评估教师对学校文化构建的认同与理解度。
	校园环境建设	1. 再完成 2—3 处校园标志性景观的建设； 2. 开展校园人文"十景"的评选。
	三年规划过程性管理与阶段评估	1. 结合学校三年规划各部门规划检测指标及规划督导要求，完成学校规划达成度自评指标； 2. 依据学校规划达成度自评指标，完成学校规划自评，形成自评报告。

（二）课程教学

[发展目标]

持续开展"关注学情，关注差异"基础型课程课堂教学实践研究，确立"尊重差异，自主合作"的课堂文化，探索"一致性解决课程问题"的研究路径，引领教师"进入"课程；依据育人目标，建设学生创新能力发展的拓展型课程；细化探究目标、开发适切的主题探究活动，完善探究型课程纲要；以"聚焦创新能力，创设灵动课堂"为主线，关注校本课程活动过程，优化校本课程课堂活动评价量表，促进校本课程有效落实。

[主要举措]

1. 持续提升"差异课堂"理念认同。

通过课堂环境建设、教师专题培训,加强和提升教师对"尊重差异,自主合作"课堂理念的认同。

2. 持续提高"差异课堂"教学执行力。

回归课堂教学现场,通过课堂观察及相关学习规则、评价指标的确立,借助数据分析、案例反思等方式,探索"一致性解决课程问题"的研究路径。

3. 持续加强"基准教学与评价"探究。

进一步加强"基于课程标准的教学与评价"的研究与探索,校准教学五环节过程性管理的针对性,基于"课标"及学情差异,改进单元命题,开发校本作业。

4. 持续推进与优化学校课程建设。

依据育人目标,建设学生创新能力发展的自主拓展课程,完善拓展型课程实施方案;细化探究目标、开发适切的主题探究活动,完善探究型课程纲要。以"聚焦创新能力,创设灵动课堂"为核心,关注校本课程课堂活动过程,优化校本课程课堂活动观测表,促进校本课程有效落实。

表 21　三年发展规划课程检测指标

年度	项目	检测指标
2018	基础型课程	"关注学情,关注差异"课堂教学研究
		1. 形成《"关注学情,关注差异"教师理念认同及转化校本培训方案》; 2. 形成《"尊重差异,自主合作"的课堂文化关键指标》; 3. 语数英学科至少35％的教师能运用"自主合作"的方式开展课堂教学,学生对课堂教学中"自主合作"学习方式的感知状况达90％; 4. 形成《"关注学情,关注差异"阶段成果汇总(初稿)》(含项目书稿框架、分学科子课题项目方案、分学科研究案例及分析等)。
		校准教学五环节过程性管理的针对性
		1. 形成《一、二年级阶段综合评价设计与实施方案》及资料汇编; 2. 完成《(三至五年级)语数英学科校本单元作业设计(初稿)》《(三至五年级)语数英学科单元命题汇编(初稿)》; 3. 五年级语数英学科学业质量稳中有升。

年度	项目		检 测 指 标
	拓展型课程	依据目标开发课程	1. 组成课程研发团队； 2. 完善"多米诺"科目，努力成为区域共享课程； 3. 梳理编程和机器人课程的目标指向，初步形成目标序列。
	探究型课程		1. 形成学校探究型课程实施纲要； 2. 转型博物馆项目，丰富探究型课程内容，设计4个场馆主题探究活动； 3. 各年级至少完成一个主题探究活动设计。
	拓展型课程	"聚焦创新能力，创设灵动课堂"	1. 以"聚焦创新能力，创设灵动课堂"为核心，设计校本课程课堂观测指标； 2. 根据课堂评价指标对校本课程活动的目标制订、教学策略的应用进行评测，寻找出课程活动过程中学生创新能力培养的突破点。
	探究型课程		
2019	基础型课程	"关注学情，关注差异"课堂教学研究	1. 语数英学科至少75％的教师能运用"自主合作"的方式开展课堂教学，学生对课堂教学中"自主合作"学习方式的感知状况达92％； 2. 形成《"关注学情，关注差异"阶段成果汇总(修订稿)》。
		校准教学五环节过程性管理的针对性	1. 完成《(三至五年级)语数英学科校本单元作业设计(修订)》《(三至五年级)语数英学科单元命题汇编(修订)》； 2. 五年级语数英学科学业质量稳中有升。
	拓展型课程	依据目标开发课程	1. 以编程课程为例，根据目标序列，调整编程课程的内容框架，分年级实施； 2. 在原有基础上，增设1门新的创新能力发展科目。
	探究型课程		1. 根据实施情况，调整课程目标，完善学校探究型课程实施纲要； 2. 根据主题探究活动的实施，完善上一年的4个主题探究活动和各年级的主题探究活动； 3. 在原有基础上，选取重点年级横向开发主题探究活动。
	拓展型课程	"聚焦创新能力，创设灵动课堂"	1. 围绕突破点，开展校本课程活动的课堂教学研究，完善课堂活动观测指标； 2. 依据评价指标观测校本课程活动，指导教师就课堂活动中的教师指导撰写案例。
	探究型课程		

年度	项目		检 测 指 标
2020	基础型课程	"关注学情,关注差异"课堂教学研究	1. 形成《"关注学情,关注差异"教师理念认同及转化校本培训汇编》《"关注学情,关注差异"课堂教学实践研究汇编》; 2. 全学科80％的教师能运用"自主合作"的方式开展课堂教学,学生对课堂教学中"自主合作"学习方式的感知状况达92％以上; 3. 教师三年内发表相关教学案例、教学论文的人数达40％; 4. 骨干教师每学年参与集团及以上公开教学研究不少于2节;35周岁以下青年教师每学年参与校级及以上公开教学研究不少于2节。
		校准教学五环节过程性管理的针对性	1. 完成《(三至五年级)语数英学科校本单元作业设计汇编》,形成校本作业;完成《(三至五年级)语数英学科单元命题汇编》,形成资源共享; 2. 五年级语数英学科学业质量稳中有升。
	拓展型课程	依据目标开发课程	1. 根据实施情况,对编程系列课程进行目标与内容的调整; 2. 依据编程系列课程的实践经验,梳理机器人课程的目标序列,并完善内容; 3. 在上一年基础上,对新生课程进行优化。
	探究型课程		1. 每个年级至少形成2个主题探究活动设计及配套的学生探究活动手册; 2. 在上一年的基础上,继续开发2个场馆主题探究活动。
	拓展型课程	"聚焦创新能力,创设灵动课堂"	1. 结合校本课程活动的指导过程,进一步优化完善课堂活动观测指标; 2. 依据评价指标观测校本课程活动,指导教师就课堂活动中的教师指导撰写案例,汇编成册; 3. 结合教师撰写的案例,凝练"聚焦创新能力,创设灵动课堂"的教师课堂活动指导经验,形成经验总结。
	探究型课程		

(三) 教师发展

[发展目标]

立足岗位创新,提升教师师德修养,促进教师团队的创新精神与创新意识的发展;完善教师自评和学校评价机制,唤醒教师自主发展的内驱力,培育教师岗位创新能力,实现高端教师增量。

[主要举措]

1. 注重师德师风多样路径建设。

开展"岗位创新主题月"活动,结合时政定期开展师德师风专题培训,开展丰富的教师社团活动,定期进行"师德师风满意度调研"。

2. 注重教师成长多元平台建设。

梳理教师分层培训目标和内容,搭建各层教师专业发展平台,在岗位创新中实现高端教师增量。分类分层规划学校教师专业发展,根据教师的成熟度对骨干教师、青年教师和见习教师进行个人发展规划的指导与评估。

骨干教师发展与评估。依据区级骨干教师评定与考核要求,对骨干教师《个人三年发展规划》进行阶段评审与考核。学期中,召开骨干教师学期考评工作总结会、骨干教师学期考评会,对个人规划的达成目标进行评估。

青年教师发展与评估。分析青年教师的现状与发展趋势,确立相关管理制度和保障机制,撰写《青蓝教师个人专业发展三年规划书(2017—2019)》,组织青年教师撰写《个人发展规划》,建立个人成长电子档案。搭建"阅读演讲、教学评比、研究论坛、课程研发、宣传发布、轮岗锻炼、平台主持"7个平台,并将平台工作完成情况纳入青年教师学期考评。

见习教师发展与评估。依据《上海市中小学见习教师规范化培训手册》要求,对见习教师进行包括职业感悟与师德修养、课堂经历与教学实践、班级工作与育德体验、教学研究与专业发展四大方面的18个要点的培训。通过过程记录、培训考核评估规范见习教师岗位适应能力。

表 22　三年发展规划教师发展检测指标

年度	项目	检 测 指 标
2018	骨干教师	1. 建立校骨干教师甄选机制及考评机制。 2. 鼓励骨干教师参与区骨干评选,力争增加区学科带头人1—2名、区骨干1—2名。 3. 鼓励骨干教师参与中高评选,力争增加1—2名。
	青年教师	1. 青年教师制订自我专业发展三年规划并在三年内达成。 2. 建立各项目管理机制及考评机制。 3. 硕士研究生比例达到45%;1人能够晋升区级骨干,3人能够晋升校级金(银)牌骨干;4—5人能够获得小学高级职称。

年度	项目	检 测 指 标
	见习教师	1. 依据《上海市中小学见习教师规范化培训手册》要求,完成18个要点的培训。 2. 基于见习教师在班级管理中的现实问题,细化"德育"课程内容。 3. 研发教学方面的培训课程,逐步形成一套系统、实效的校本规范化培训课程框架。
2019	骨干教师	1. 完善校骨干教师甄选机制及考评机制。 2. 鼓励骨干教师参与区骨干中期增选,力争增加区学科带头人1—2名、区骨干1—2名。 3. 鼓励骨干教师参与中高评选,力争增加1—2名。
	青年教师	1. 完善各项目管理机制及考评机制。 2. 硕士研究生比例达到50%;4—5人能够获得小学高级职称。
	见习教师	1. 依据《上海市中小学见习教师规范化培训手册》要求,完成18个要点的培训。 2. 完成"关注学情,关注差异"教学五环节微课程。
2020	骨干教师	1. 鼓励骨干教师认真梳理、总结,力争在期满考核中增加优秀率。 2. 鼓励骨干教师参与中高评选,力争增加1—2名。
	青年教师	1. 硕士研究生比例达到60%;4—5人能够获得小学高级职称。 2. 1—2人成为学校教育教学管理者。
	见习教师	1. 依据《上海市中小学见习教师规范化培训手册》要求,完成18个要点的培训。 2. 基于见习教师在教学中的现实问题,细化"教学"课程内容。

(四) 学生成长

[发展目标]

形成"尊重生命、创新成长"的德育工作理念,开发"儿童小社会"活动,形成与之相对应的评价方式,培养学生的规则意识和创造能力;确立家长学校培训目标,优化家长学校课程,促进培训内容的系统性、科学性、针对性,形成鼓励创新、养育健康身心的良性家校合作育人环境。

[主要举措]

1. 开发"儿童小社会"创新实践,形成与之相对应的评价方式。

一是开展学生规则意识养成教育的实践研究,梳理校园规则,分年段制订目标和内容。二是开发"儿童小社会"创新实践活动,确立目标、设计内容、创新形式,通过专家培训、经验交流、案例分享等,凝练"儿童小社会"的实践经验。三是借助信息技术平台,完善评价指标,确立学生规则意识和创新活动的评价方式,形成《"儿童小社会"创新活动方案集》。

2. 构建家长委员会三级组织网络,开发家长学校培训课程。

一是依据学生心理成长、家庭教育需求,围绕"爱与规则"的主题,分年段形成家长学校培训课程,通过专家引领、互动交流等形式,进一步提升家庭教育目标,丰富家庭教育内容。二是修订《家长指南》,凸显各年级家庭教育重点,完善各年级家庭教育建议。三是形成班级、年级、校级三级家长委员会组织网络。

表 23　三年发展规划家委会发展检测指标

年度	项目	检测指标
2018	"儿童小社会"规则意识实践研究	初步梳理校园规则,制订规则。
	"儿童小社会"创新实践活动开发	分年段制订创新实践活动,确立目标、设计内容、创新形式,初步形成评价指标。
	家长学校培训课程	分年段设立家长学校培训课程的目标、内容,初步形成培训方案;构建家长委员会三级组织网络。
2019	"儿童小社会"规则意识实践研究	进一步梳理校园规则,完善规则。
	"儿童小社会"创新实践活动开发	分年段实施创新实践活动,修订目标、内容及评价指标。
	家长学校培训课程	结合家长沙龙、家长开放日活动定期进行有效的家庭教育指导;修订《家长指南》,形成各年级家庭教育建议初稿。
2020	"儿童小社会"规则意识实践研究	执行与巩固校园规则,形成良好的儿童小社会氛围。
	"儿童小社会"创新实践活动开发	形成《"儿童小社会"创新活动方案集》,并形成数字化评价。
	家长学校培训课程	完成《家长指南》,形成各年级家庭教育建议。

（五）生态校园

［发展目标］

营造书香校园、生态校园、平安校园、文化校园、特色校园、数字校园。构建"爱与规则"的校园心理环境,研发性别教育主题活动,构建信息化的可持续发展的校园数字化环境。

［主要举措］

1. 着力建设书香校园。

充分利用修葺一新的校园环境和图书阅览环境,进一步规划学校走廊、墙面,营造办公环境和校园文化氛围。拓展师生阅读范围,提升自身文化素养,丰富校园文化内涵。

2. 着力营造心理教育特色校园。

开展"阳光工作坊"品牌建设。借助"阳光工作坊"教师心灵成长平台,深入研究"爱与规则"学校心理环境要素,以种子教师的成功案例为试验田,寻找孕育"爱与规则"的班级环境途径。一是组建"阳光工作坊"团队并形成机制,二是研发团队活动方案形成课程框架,三是开展种子教师的活动展示。

开展以心理学为主旨的校本培训。整合各类资源,为教师提供更系统、专业的心理学培训,提升教师对人的理解,用更深广的视角发现学生、研究学生,形成关爱、润泽的师生关系。开展"心理学通识培训"和案例式培训。

组建家庭教育"心理健康特需沙龙"。分类调研家长需求,对于有特殊需要的学生家长,建立家长沙龙活动机制。收集各类资源,有针对性地为面对同一困扰的家长建立互助平台,共同交流探讨问题,开展有效的家庭教育指导。

3. 着力建好"性别教育"品牌校园。

持续研发男孩女孩主题活动。以学校品牌课程"男孩女孩"为基础,以男女生差异为落脚点,进行相关理念的培训,激发教师对学生个体差异多样性的包容与接纳,心怀谦卑与好奇探究学生,突破自己习以为常的视角。

依托高校资源,对教师进行理念培训,设计以《男孩女孩》教材为蓝本的学生性别教育主题活动。

4. 着力构建智能数字化校园。

全员参与,共同建设,努力达成数字化校园的网络化、智能化、个性化,创设信息技术工作的新时空。

表24 三年发展规划生态校园建设检测指标

年度	项目	检 测 指 标
2018	阳光工作坊	1. 制订团队活动机制 2. 形成团队活动方案 3. 研发团队活动课程框架
	家长沙龙	1. 制订家长学校课程培训方案 2. 形成家长培训课程机制
	性别教育	1. 架构性别教育教师培训体系 2. 性别教育理念培训
2019	阳光工作坊	1. 研发团队活动课程内容 2. 形成相关案例
	家长沙龙	1. 研发家长沙龙活动内容 2. 调研家长需求,反馈活动效果
	性别教育	1. 性别教育网络理念课程培训 2. 性别教育主题式沙龙活动
2020	阳光工作坊	1. 种子教师的成长案例介绍
	家长沙龙	1. 亲子心理团辅活动研发 2. 继续研发家长沙龙活动内容
	性别教育	1. 性别教育学生探究活动研发 2. 性别教育亲子活动内容研发

四、学校发展的保障与实施

(一)组织保障机制

成立规划制订领导小组,在制订规划过程中,运用科学的分析工具,完善学校规划的文本结构和规划体系,对学校发展优势和存在的问题力求进行准确剖析,进一步深化理念的内涵和拟定办学目标、育人目标和教师专业发展目标;注重主要实施内容的创新性和项目化。

（二）资源保障机制

1. 提高规划监控有效性。

首先健全校内外监督机制，校内由教代会对规划的执行实施监督，校外由家长和社区实施监督；其次在规划实施的过程中聘请专家对规划阶段的实施情况进行阶段性的评估和指导，并作必要的调整；第三加强规划过程的自评和自我调控。

2. 健全校内规划监督机制。

学校领导和管理团队要广泛听取教师、学生及其家长的意见和建议，善于发现工作中存在的问题；客观分析问题，引领干部、教师形成工作中反思、改进的思路与方法；针对存在问题提出解决问题的思路和措施。

3. 建立规划实施校外监督机制。

对学校规划的实施经常与家长、社区进行沟通，主动接受他们的监督和支持，形成规划实施的校外监督机制。

（三）后勤保障机制

提高后勤人员服务水平，进一步树立为教育第一线服务、为师生服务、主动服务意识，保质保量完成工作，确保各项教育教学活动的开展。加强设备维护更新，强化校园环境建设，完善学校资产管理，为保障学校教育教学工作的正常秩序与运行，为广大师生营造一个安全和谐的校园环境，做好学校的后勤保障。

（四）评价保障机制

建立学校内部和上级领导专家对规划实施的自评、他评的工作模式，积极争取多方力量，对规划的实施开展过程性评价，确保规划项目的有效落实。迎接区教育督导室对学校发展规划的评估。

附件二：

上海理工大学附属小学教育集团督导自评报告

为了深化杨浦区教育组团式实践,实现区域义务教育均衡发展,推进教师校际互动交流,充分发挥教育资源示范、辐射、带动作用,在杨浦区教育局领导下,决定成立第四个小学教育集团"上海理工大学附属小学教育集团"。由上理工附小作为教育集团核心校,与周边五所学校(长白二村小学分校、内江路第二小学、水丰路小学、水丰路小学分校、国和小学)形成教育"共同体"。目前,教育集团内有 119 个班级,3734 名学生(其中外来务工子女 687 名),337 名教师。

第一部分 主要工作与成效

一、联盟组团,形成凝聚升格的文化共识

(一) 目标管理

1. 服务各校发展,探明发展目标与需求

上理工附小教育集团围绕"不一样的学校,一样的精彩"组团发展理念:集团内每一所学校都有其独特的办学条件和基础,基于各校对优质教育的坚守和追求,教育集团通过明确目标、创新机制、集约资源等方法,提供成员学校更多的发展平台,让学校间彼此联接,形成良性互动,引领各校探索出与组团目标相一致的校本发展之路,最终实现均衡、优质、特色的内涵发展。

确定组团发展目标:围绕"不一样的学校,一样的精彩"组团发展理念,关注集团各校差异,以优质资源的辐射与增量为抓手,共同开展师资柔性流动、教学与评价研

究,联组教研分工主持,打造高端教师和优质的干部团队,积极创建新优质项目学校,不断深化办学内涵发展,整体提升集团内各校办学水平。

理事会本着"服务成员校"的管理原则,通过三轮《上理工附小教育集团三年规划》来引领发展,并有配套的年度工作计划和总结落实。每次年度伊始的计划策划会上,各校聚焦"课程与教学",共同确立各自的年度发展主题、需求和目标。而理事会则集聚、盘活资源,更好地服务支持各校以达成需求、实现目标。

2. 主动参与主持,承担发展责任与内容

集团各校在内部考核机制的推动下,踊跃申报理事会活动,轮流主持专题研讨,主动提供课程与教学资源,同时积极参与集团培训活动。从 2013 年起的 4 年来,集团理事会共同开展了 100 次培训活动,其中成员校承担了 54 次,承担次数逐年上升。

表 25　2013—2016 年教育集团理事会培训活动统计表

年度	培训活动次数	成员校承担次数
2013	14	5
2014	18	8
2015	32	16
2016	36	25
共计	100	54

(二) 运行机制

上理工附小教育集团的定义为非事业法人、非企业法人、非社团法人的公办学校教育发展联盟体,在杨浦区教育局统一领导下开展工作。教育集团的决策机构为理事会,由所属学校的校长、书记和区教育局、教育学院有关领导组成;教育集团理事会设理事长 1 人,秘书长 1 人;专家顾问团由高等院校教授、教育发展研究院专家、教科所专家学者、教委教研室学科教学专家、上海理工大学学者等组成。在教育局专项工作经费的支持下,理事会共同商议规范合理使用经费,推动集团工作开展。

1. 第一阶段管理:整合资源,形成合力

面对教育集团现实问题,理事会做的第一件事就是"整合资源",动员各校亮出所有的"家底",共同分享。理事会依据《教育集团理事会章程》,从运作机制入手,先后出台了《教育集团理事会例会制度》、《教育集团课程统筹细则》、《教育集团名师整合细则》、《志愿教师工作手册》等制度。

为了保障"名师整合、课程统筹"的有序运作,理事会还明确了:第一,理事会在师资柔性流动上有一定的权限和职责;第二,统一各校作息时间,为"课程统筹"提供保障;第三,探索"支教、游教、带教、研教"等联组教研方式。上述机制和举措切实解决了教育集团新生阶段的迫切问题。

2. 第二阶段管理:服务各校,办出特色

随着成员校办学上逐步形成各自的特色,教育集团需要做的是——对已经取得突破、形成了有效经验的学校,加以鼓励和支持,使其快速固化特色,并激发全面优质的走向。2013 年,理事会通过《联合教研协议》和《教育集团联组教研主持要求》细化了集团联组教研办法。

2015 年开始,教育集团管理围绕"服务成员校"展开,确定成员校年度发展主题和目标,了解和梳理成员校的实际发展需求。通过提供"指导"和"支持"等个性化服务,帮助成员校设立合理的目标,克服困难,实现目标。

3. 第三阶段管理:考核推动,渐趋核心

为了改变以核心学校为主的优势输出格局,我们通过共享课程实现各校师资柔性流动;通过重点项目推进,共同研究教学与评价;通过认领联组教研学科,实现分工主持;2014 年,依据杨浦区教育局《教育集团分层考核办法》,拟定了《集团内部考核评估指标》对成员校开展内部考核;2015 年,基于上年内部考核经验,修订了考核机制,将原先"年度积分制"调整为"每月积分制",以过程性评价替代结论性评价,推动成员校在集团建设中发挥作用,增强成员校优质发展的动力和活力;2016 年,依据教育集团"质量年"的实施重难点,设计"月积分"和"年积分"相结合的考核指标,进行过程性评价管理,同时将"学生学业负担和质量"与"骨干教师发展和增量"作为各成员校的核心工作,指向更为明确地引领各校发展。

基于集团办学核心问题,不断完善考核机制的意义是:对各校参与集团工作提出了具体的目标要求,探索出与组团目标相一致的校本发展之路。鼓励各校主动领衔或积极参与各个考核项目,共同承担集团均衡优质发展的责任和义务。

（三）文化生成

1. 支持校长回归课程与教学的核心工作中

集团理事会是校长们办学思想分享交流的集聚地，在这里，校长们主动提供办学资源，积极建言献策，交流如何落实教学工作、如何提高教学成效、如何发挥学校的教育功能。分享做计划、定目标、分任务等管理技巧，上位思考管理经验和困惑，整合资源形成合力，落实办学理念和"愿景"。教育集团还支持校长们把工作中心回归到最核心的课程与教学上，鼓励校长们深入课堂"听课"，帮助教师发现教学中的问题，调控资源来支持课程与教学的改革和发展。

2. 激发教师专业发展的内在动力

为了营造和孕育集团的"凝聚文化"，集团通过丰富多彩、润物无声的活动，构建教师的内在动力。每年7月，各校教师会聚在一起，联合开展教育集团总结大会：2013年"身边的感动"共同庆祝建党92周年；2014年"走在优质路上"表彰集团优秀班主任；2015年"学两代楷模，做四有教师"表彰集团师德标兵；2016年"信仰，让我们凝聚力量"表彰集团优秀共产党员。

每年金秋10月，集团全体教师相聚附小，参加集团运动会。仿佛是一场欢乐的嘉年华，各校团队在一个个拓展游戏中，展示了凝心、合作、聚力的朝气和风采，最佳团队、默契配合、敢于拼搏、团结协作等奖项无疑是对欢聚一堂、走近彼此的褒奖。生动凝聚的集团运动会还曾向区教育工会的两委班子及兄弟学校工会主席进行了展示。

集团各校党支部充分发挥自身优势，依托集团党建联建，在各项工作中发挥党组织政治核心作用。各校党支部认真组织开展"群众路线"、"三严三实"、"两学一做"等主题活动，引领全体党员争当改革先锋、乐当奉献模范、学当业务钻研楷模、甘当师德弘扬表率。在党组织的引领下，集团多位党员获得荣誉称号：区师德标兵1名、区师德标兵提名奖1名、区优秀共产党员1名、教育系统优秀党务工作者1名、教育系统优秀共产党员4名、教育系统先进基层党组织1个。

2016年2月，集团党建联建又加入4个兄弟学校党支部（开一、开二、复旦科技园、工农），成立了"小学党建2块"，大家共同制订活动方案，积极探索党建工作的新方法、新模式，助推优质办学。"党建块"组织了"2016年党建品牌"交流活动，经过评选推荐，有2个支部的"党建品牌"被评为教育系统优秀党建品牌提名奖。在"两学一做"活动中，党建2块创新设计"学习党章、遵守党章、贯彻党章、维护党章"联合党课，由5位青年党员教师来主讲,她们分享了学习党章的收获和体会,也向全体党员提出了"两学一做"教育实践活动的目标要求,党员们不仅明晰了党章的发展与内涵,更明确了党员的义务和权利,争做一名合格的共产党员。

二、联手研发,开展互助分享的课程共创

(一) 课程研发

集团引导各校充分利用本校和社区资源,因地制宜研发特色课程。目前,成员校的课程建设朝着多元化、特色化稳步发展。

1. 国和小学"和悦体育"

国和小学以"和悦"课程构建打开特色学校之门。分为"和悦体育、和悦思维、和悦文化"三大部分。其中以"体育生活化"为主线的"和悦体育"校本课程,开设了扯铃、足球、体育舞蹈、田径、弄堂游戏等29门科目,发挥教师个人特长,将体育与生活及其他学科进行整合,使内容贴近孩子们的生活实际。

《"和悦"校本课程实践与研究》成为区重点课题,学校采取了双选制,让学生根据自己的兴趣爱好和自身特点自由选择,引导教师关注每一个学生的成长需求,着眼于学生的兴趣爱好特长,不断构建深受学生喜爱的科目。

2. 内二小学围棋课程

近年来,内二小学加大了围棋校本课程开发的力度,构建围棋特色的"磁性"校园文化,调整"围棋广场、弈海方圆、'棋'乐无穷"教材三大板块;营造围棋文化,开辟围棋名人录、围棋馆和校训墙等。

学校立足区级重点课题"小学围棋课程区域推广的实践研究",从推广校教师培训入手,让受训教师掌握了最基本的围棋知识和围棋教学的组织方法,了解了围棋的教育功能,为围棋课程实施过程中渗透品德教育、行规教育等奠定基础,再逐步深入课堂教学。学校成为区首批校本课程区域推广立项校,全区15所小学参与了围棋课程推广,并尝试运用白板技术制作教材课件,为实现"校本"到"区本"的跨越共建资源。学校课题《小学围棋课程的开展与实践的研究》被评为首届创造教育成果二等奖。

3. 水丰分校"梦想教育"

水丰路小学分校基于"梦想从这里启航"的办学理念开发了"梦想教育"德育校本

课程。课程有礼仪、纪律、体育和卫生四个方面组成的"好习惯伴我成长"系列,此系列把养成要点细化到每周的行为规范教育中;有"我和美德齐前行、我和社会同进步、我和祖国共成长"三大板块组成的"追梦小公民"系列;有"仪式教育类的'启梦篇'、校园文化周(节)的'筑梦篇'、主题教育活动的'追梦篇'"构成的"成长的梦想"系列;还有"现场急救和近视防治的'生命教育'、校园交通和安全训练的'安全自护'、关注生命和关注自然的'绿色之路'"构成的"梦想课堂"系列。

2016年秋学校成立了"想想电视台",开设新闻泡泡堂、梦想大舞台、领巾议事厅、校园先锋榜等栏目,提供学生写作、编辑、播音等实践平台,在文明礼仪、习惯养成、校园文化等方面起到了宣传教育效果。

4. 水丰路小学"好习惯·好生活"

近几年来,水丰路小学以"培养习惯良好、学习主动、兴趣广泛、快乐健康的小学生"的德育培养目标为核心,探索小学德育教育的有效途径和实施策略,研发了校本教材《好习惯·好生活》,开展了"基于'绿色指标'下,小学生健康发展习惯培养的实践与研究"。

课程以"社会实践基地"为载体,为学生的教育教学活动创造生动活泼、情趣盎然的活动环境。课程分小学低中高年级3册教材,采用绘画版的形式,为学生呈现直观、有趣的生活场景和行为要领。根据学生年龄特点、生活经历和道德行为能力,由近及远,由表及里,螺旋上升地展开。学校借用银行储蓄模式,开展"红领巾,好习惯银行"评价学生道德和学习"双十"好习惯养成效果,让好习惯相伴学生美好的人生。

5. 长二分校"二十四节气"

长二分校以中华二十四节气为载体,引导学生关注中国传统文化,关注自然生息,2013年开始,历经3年,研发《跟着太阳走一年——二十四节气与民俗文化》校本课程,并形成教材、教案集、知识分享卡、民俗体验活动方案集、"涂色书"等成果。《二十四节气校本课程开发与实践研究》成为了区重点课题,曾在市区级层面进行了4次大型展示活动,2015年学校申请了科技人文创新实验室,运用先进的数字科技技术让学生们进行物候观测,了解大自然的变化。

在校本教材和课题研究中,教师们得到了历练,节气文化慢慢地开始渗透到学校工作的各个方面,形成了知民俗、玩民俗、传承民俗文化的氛围。

（二）课程共享

面对日益发展的各校课程建设,集团以校本课程建设为抓手,修订了《上理工附小教育集团校本课程建设评价指标》,为课程建设提供依据,不断规范各校拓展型课程实施方式,通过两个路径,来实现集团课程的因地制宜,共建共享。其一,各校较为成熟的课程,作为集团"共享课程",在集团各校开展实施;其二,各校新研发的特色课程,可作为"互助课程",供大家共同研讨,以此促进课程的快速完善。

通过集团课程共享共建,教育集团在特色课程建设上取得丰硕成果。2009 年,集团共享课程只有上理工附小"心理健康教育"课程和水丰路小学的"生活与德育";2014年,增加了 8 个:内二小学"围棋"、"神奇密码";上理工附小"纸条变变变"、"携手共进"、"小机器人";水丰分校"影视欣赏";长二分校"二十四节气"、"小巴辣子开会了"。其中,内二小学的围棋课程,2013 年从集团共享课程成为了区域推广课程。长二分校的"二十四节气课程"被评为区域优质课程。

（三）课程评价

集团各校拓展型课程的科目开设量,都实现了班级数的 1.5 倍以上,满足了学生的不同兴趣和需求,提供了丰富的课程经历,促进综合素养的全面发展。

上理工附小依据育人目标,将自主拓展科目分为体育健身、艺术、社会与人文、科学与技术四大版块,自主拓展科目储备量达 107 个,达到班级数的 2.6 倍。其中 6 个科目编制校本教材,4 个科目成为区域共享课程,7 个科目曾公开展示。在上海市校本课程展示活动中,衍纸、纸雕、袜子娃娃等科目均成为区域推荐品牌,袜子娃娃科目还在上海市教育博览会现场展演。

国和小学研发校本课程"和悦课程",包含"和悦体育、和悦文化、和悦思维"三大版块,自主拓展科目储备量达 29 个,达到班级数的 1.6 倍。目前编印完成了"艺术人文"、"科技创新"和"运动竞技"等科目的方案、教学设计和讲义。

水丰路小学依托"上海市城市学校少年宫"创建,积极建设"快乐源课程",自主拓展科目量实现了班级数的 2.05 倍,分为书画与手工、运动与表演、科技与制作、学科与探究、休闲与欣赏五大版块 40 多个科目。组建了集邮、击剑、足球、手球、合唱、舞蹈等14 个学生社团。

内二小学通过充满生活色彩和生活体验的"磁性生活乐园"拓展型课程的建设和

实施,为学生开设了围棋、合唱、集邮、茶艺、小小神射手、摩登舞等23门课程,科目量达到班级数的1.64倍。

水丰分校将学生在校一至五年的全部学习生活纳入"梦想课程"课程范畴,目前开设了"卡通画、三模组、玩转黏土、小河马讲故事、多米诺骨牌"等26个科目。此外,建设了"国画、手球、影视、合唱、电脑绘画"等9个学生社团。

长二分校自主拓展科目27个,达到班级数的2.45倍,分长短课程方式实施,给予学生更大的选择空间。学校基于学生生活实际,依托《廿四节气与民俗文化》校本课程,激发教师课程研发的兴趣和能力,逐步衍生了《跟着太阳走一年》、《"悦"绘本》、《小小气象员》等课程。

三、联组改进,实践创智课堂的教学共研

(一) 课堂改进

集团积极响应市教委"基于课标"的精神,通过"基于课标的教学与评价"项目的实施,引导教师准确把握课程标准,改进课堂学习方式,有效提升集团课程与教学的研究水平。

该项目研究始于2014年的水丰分校"教师如何听评课"活动,该校以"听评课"为切入点,梳理了"听课三度策略"和"评课三精策略",即听课中"三维目标的达成度、思维的激活度、学生学习的参与度"和评课中"优点说得精炼、不足说得精细、建议说得精到"。该项实践研究得到了理事会的肯定,并将此作为教育集团试点研究项目,跟踪扶持最终形成经验范例,激励更多成员校在教学上长足进步。

同年,水丰路小学开展编制学科考查"双向细目表"的教学大练兵活动,采用等第制和评语相结合的评价方式,精心组织每月家长开放日活动;长二分校举行了"走向基于'规准'的教学"、"研习课程标准,智行本色课堂"等主题教研月活动,并通过各学科的子课题研究,推动本色教学研究的发展;国和小学通过每个教师上交流课,剖析反思问题,来强化教师依据课程标准确定教学目标、设计学习活动、调控教学进程的意识。同时每月邀请家长走进课堂、参与教学,宣传零起点的理念;内二小学与宝山同洲模范学校语数英学科开展联合教研,以及校内重点研究课、"双佳""双馨"说课评课比赛、骨干示范等活动。

2015 年，集团进一步开展相关研讨和分析会。4 月，相聚内二小学，一起协助研究"基于课程标准构建磁性课堂教学"；同月，集团教师们观摩聆听了语文特级教师王琳琳的展示课和讲座，还邀请了邹雪峰主任为大家讲一讲《学科命题研究，双向细目表的运用》；7 月，又请来教科所专家夏雪梅做了《以学习为中心的课堂观察》讲座；10 月，在上理工附小开展了"基于学习风格差异的数学课堂教学研究项目推进会"；12 月，又分别在国和小学和水丰小学举行了"评价、激励、发展"教师智慧教学经验交流会、"激活学习内驱力"教学研讨活动。

2016 年，集团以"质量年"为号召，鼓励各校深入教学深水区，开展智慧课堂研究，水丰分校、内二小学、长二分校都举办了系列教学专场，提升教师研究教学、转型课堂的专业能力。

各校通过有所侧重的课堂教学专题性研究：上理工附小"关注学情，关注差异"；内二小学"基于课程标准，构建有磁性的创智课堂"；国和小学"基于课程标准的顶层设计与分步实施"；长二分校"基于课程标准，智行本色课堂"；水丰分校"基于学生思维品质培养的智慧教学研究"；水丰路小学"基于标准，把握要求，有效落实"。积累了经验，也取得了成效。

集团 4 位教师撰写的案例刊登在《杨浦区基于课程标准的评价与实践研究优秀案例选编》中，他们是《功在课堂内，评在课堂外》(水丰分校　罗登峰)、《体验生活　感受生活》(国和小学　江琪)、《关注小学生"技术素养"的培养》(内二小学　缪姝)、《我们陪你慢慢学》(上理工附小　刘乃境)。

上理工附小的《基于课程标准及学情差异的一年级拼音教学与评价的实践研究》在市级项目推进中获得好评，形成了广泛的社会影响力。2014 年 9 月，附小配合市教委向全市新闻媒体作"零起点"工作的现场教学汇报与宣传；《解放日报》对附小"零起点"经验进行了专版报道；丁利民校长应《新闻夜线》栏目邀请作了"零起点"专访；《基于课程标准及学情差异的一年级拼音教学与评价的实践研究》发表在《2014 年上海教学研究(7、8 月合刊)》上；《一年级"小机灵游玩快乐宫"学业评价探索》刊登于《上海教育(2015 年 2 月刊)》。

(二) 学科教研

发挥集团各校学科优势，集团鼓励成员学校主动申请和主持"跨校学科联研团队",分别领衔语文、数学、品社、英语、音乐、科技学科 6 个联合教研团队,定期开展教研活动,整体提升各校教研质量。

2015—2016 学年分别开展了 31 次和 35 次学科联组教研活动。2015 年 9 月,教育集团还以"一起携手走过的日子"为主题,举办了品社联组教研展示活动。

(三) 教学管理

集团在"质量观"上,引导校长们深入解读上海市的"绿色学业成就评价系统",和全体教师一起认真研究各校的"绿色指标",重视"学业负担、睡眠时间、师生关系"等指标的形成过程,真正关注到学生的健康快乐成长,关注到课程教学能够适应学生差异、满足学生需求,对学生终生的可持续的发展负责。2013 年上海市绿色指标 12 个综合评价项目检测显示,集团各校都有较好的表现(具体见表 26):

表 26　2013 年集团各校在市绿色指标检测总结

各校达到或超越区平均等级项目		取得明显成效的项目
国和小学	11	学校认同度、学业达标、教师教学方式
水丰路小学	11	学生自信心、内部学习动机、睡眠指数、作业负担
内二小学	10	学校认同度、学业达标、校外补课
上理工附小	11	师生关系、教师教学方式、学生自信心、内部学习动机、作业负担
长二分校	8	校外补课、学业成绩个体间均衡
水丰分校	5	睡眠指数、校外补课

为进一步提升教学质量,改善教学流程管理,2015 年开始,集团校长和教导主任多次会聚附小,开展"基于课程标准的教学与评价"的阶段质量研讨会,分析各校学科教学现状,查找教学管理疏漏,探讨教学改进对策,钊对教学管理中的"把握命题质量、做好质量分析、及时听课跟进、学困生情况细化"等问题,集思广益,互相学习。

每次质量分析研讨各校都历经:第一,教师依据试卷进行自我教学分析;第二,教研组研讨,寻找共性问题,进一步思考、调整教学方法;第三,教导处对学校整体教学情况进行研究,提出改进措施;第四,各校校长和教导主任参加集团质量分析研讨会,汇报学校的教学情况,同时共享兄弟学校宝贵的教学管理经验,并聆听集团组织的分学科专业指导;第五,把集团共享到的教学经验传达给学校教师;第六,各校对个别较为薄弱学科或年级、班级进行质量跟踪,加强随堂课、备课与作业练习设计等教学改进检测的落实。

许多校长和教导主任认识到:集团共同进行横向、纵向的对比分析,揭示问题,查找主观原因,落实改进措施,这样的研讨"质量"真的非常有必要。每个教师都需要在教学评价结果的使用上努力实现"结果证明"到"过程改进"的突破,促使学业评价成为教师改进教学的一种手段,诊断教学问题的一种方法,以及教学决策的一种依据。

四、联合培育,产生集约效应的队伍共建

软实力,对一个教育集团、一所学校来说始终起重大的作用,"优质"学校的优势必定在于一批优秀的教师,教师队伍的专业能力决定了学校内涵发展的深度和广度。集团校际间的师资差异客观存在,而教育集团则可利用组团发展的优势,集聚优质资源,提升师资队伍的软实力。

(一) 教师流动

集团积极响应《关于推进教育集团内教师流动的若干意见》,2016 年 5 月全面启动集团内"教师柔性流动",集团 6 所学校全部参与,流动教师 22 位,达到区教育局规定的 8%,其中骨干教师比例达到了 32%,远远超出了不低于 15%的规定。

为了充分发挥参与流动骨干教师的示范作用,也为了让参与流动青年教师能快速成长,附小集团建立了相应的管理和评价机制《教育集团流动教师工作职责和管理条例》《教育集团内教师流动工作手册》,其中对流动教师的师德规范、工作职责作了规定,同时,对教育集团和各成员校也做了详细的职责要求。

1. 让关怀和温暖如影随形

为了让流动教师多一分温暖的归属感,上班第一天,集团校长们、流动教师们会聚附小,迎来送往,教师们在校长热情期待的目光中感受到了安心和信心。开学第一天,集团理事长代表集团探望每一位流动教师,送上一份小小的礼物——生机盎然的绿色盆栽,寓意着一份思念和连接;每月一次的集团例会,流动教师们分享彼此的收获与思

考,她们感动于新学校给予的关心和支持,嘘寒问暖的领导,送来早餐的陌生同事……满心温暖,安心踏实。

2. 怀着学习的愿望求同存异

在行前会上,我们叮咛教师们面对不同的校园文化和生源差异,要保持着一颗开放学习的心,以资源取向看待暂时的困难和不适,将其转化为专业成长的资源和财富,汲取他校的教研经验,尝试不同生源的同课异构,借助流动平台,逐步提升专业能力。教师感言:

刘乃境(上理工附小流动到水丰分校):我很珍惜这次教师流动的经历——那是不用换工作也能拥有全新体验的机会,让我感受到两所学校的领导和同事的信任和支持,感谢她们搭建新平台引领我们成长!

柳思佳(长二分校流动到上理附小):在上理工附小,有一句话深深地打动着我——不一样的生命,一样的精彩。每一天我努力践行,提醒自己要拿着"放大镜"去发现孩子的闪光点,孩子的精彩,也是我的精彩!

(二) 带教辐射

1. 跨校师徒带教

跨校师徒带教是集团统筹各校名师资源、发挥骨干教师辐射指导、提升集团青年教师专业能力的重要途径。2013—2014 学年,集团跨校带教团队有 9 个,涉及 9 个学科,18 位教师。2015—2016 学年,集团跨校带教团队有 11 个,涉及 9 个学科,26 位教师。许多骨干教师的带教工作都卓有成效。

2. 对口援建有成效

2014 年 3 月杨浦区教育局与遵义市教育局结对共建,集团教师也投入到支教遵义工作中。

(1) 湄江四小全员性业务培训

贵州湄江四小分批抽调学科教师赴上海开展全员性业务培训学习。为此,我们制订了《上理工附小—遵义教师学习培训方案》,利用教育集团资源,通过 3 年 6 轮的短期培训,让湄江四小的教师初步了解新课改背景下的课堂教学的内容和形式,以及教学背后的育人观、价值观,从而转变教学观念和方式,提升教学管理能力。

每一轮遵义教师在上海一周多的学习,附小分别就学校管理、课程开发等领域给教师们作深入浅出的讲解：《基于课程标准下的教学与评价》《学校少先队课程的设计与实施》《学校拓展型课程的开发与实施》《教学五环节实施与管理》《性别教育研发历程》等,这些介绍展示了学校课程改革中的教材自主选择、目标设定与评估、课程开发与实践、评价过程与结果,同时也呈现了激发教师专业热情和激活学校管理效度的过程。遵义教师们认真聆听,主动交流,力图在这次短暂的碰撞中,找到适合自身发展的脉络。

遵义教师们还参访了集团的国和小学、长二分校、水丰分校。国和小学的"和悦"体育,长二分校的二十四节气课程,水丰分校的"智慧课堂"实践研究,都给遵义教师们留下了深刻的印象,教师们感慨:杨浦教育真的是全国示范高地,各校从办学理念出发,倾力打造教师专业发展,促进学生健康发展,值得我们借鉴学习。正如来访的湄江四小的张勇校长所言:"几天的学习是辛苦的,快节奏的工作、生活,我们尚未适应的时候一切已然悄然开始。但是,又是幸运的,因为我们看见了别人的优势所在,也看到了自己的不足之处。虽然几天的时间,我们尚不能完全理解'不一样的生命,一样的精彩'的真正内涵,但是我们看到了、听到了、感受到了特色校园文化的凝聚力和感召力,也看到了我们办学的方向和希望。"

(2) 集团教师和团队支教

每年,上理工附小骨干教师赴遵义开展"送教式培训",曾为湄江四小和中心校的教师干部带去了语、数、外、科技、心理等学科的公开教学、教研组活动、管理讲座。

集团国和小学的倪晓燕校长于2014年赴贵州遵义支教。在支教的一年中,倪校长挂职为贵州遵义湄江四小学校副校长,协助当地校长管理学校。她把上海杨浦的先进教育理念与教育管理融入当地的实际,影响着那里教师们的思维方式与教学模式,使之得益匪浅。她对学校教育管理、学校教学、教师队伍等情况,进行调查"摸底",与近百人次进行个别交流,较为全面地掌握了学校内部管理、教育教学、师资队伍情况及存在的主要问题,并着手推进问题的解决。倪校长连续运用"五个抓",即抓制度建设、抓学科质量、抓教师培训、抓教材编写、抓资金管理,取得了极好的效果,赢得了较好的声誉。倪校长和她的团队被遵义市教育局授予优秀团队、优秀教师的荣誉。倪校长先后获得杨浦区平凡好党员、区教育系统第五届师德标兵等称号。

上理工附小教师张慧赴遵义正安县支教,他任体育教研副组长。面对当地"贫乏"的体育教学,张教师带领正安中学体育教师开展体育教研活动,引入体育的新课程理念和教学方法,让原本觉得自己可有可无的体育教师大大提高了工作认同感。张教师主动提出组建学生足球社团,带领一群热爱足球的学生,通过半年的训练,获得正安县中学生足球赛亚军。在组建社团的过程中,他不失时机地对体育教师进行"足球裁判员"的培训,获得优秀裁判员的荣誉。张教师还利用自身的摄影特长,帮助支教学校制作了精美的宣传手册,提升了办学形象。

(三) 专业培训

1. 共享集团研修资源

集团教师经常相聚进行形式各样的教师研修活动,各校也会主动提供专家讲座、教学比赛、教育展示等校本研修资源,供其他学校分享;也会邀请集团他校的教师团队来校开展校本培训,例如:附小的班主任团队曾到长二分校进行了校本培训"今天我们怎样和学生打交道",通过游戏体验、理论介绍、故事分享等活动,传授师生沟通技巧。集团还联系专业机构,为教师们提供免费的幸福培训课程,体验生活工作中的幸福。

2. 集团见习教师专业培训

上理工附小作为"上海市见习教师规范化培训基地",根据规范化培训工作要求,结合见习教师的实际需求,自 2013 年开始,逐步研发了"制度、师德、教学"三方面见习教师规范化培训课程。2016 年,基于见习教师在班级日常管理中遇到的现实问题,进一步细化"师德"课程内容。计划第三阶段,也就是 2018 年将着重研发教学方面的培训课程,逐步形成一套系统、实效的校本规范化培训课程。

一年的见习期培训,让见习教师感受到带教导师的专业精神,教研团队的合作氛围。五年来,基地培训了集团内 35 位见习教师,其中 19 位是集团成员校教师,涉及语文、数学、英语、音乐、体育、美术、科学与技术、特教等学科。在短短的教育教学工作中,有 14 位教师已经取得了丰硕的教育教学成果。

3. 集团班主任研修共同体

集团以"精彩孩子王"工作坊牵头,整合各成员校的骨干班主任资源,甄选渴望专业发展的青年班主任,从青年教师班级建设的问题出发,以课程研究为纽带,培养青年班主任建设班集体,达成合格至优秀班主任的培养目标;促进骨干班主任由经验型向研究型、专家型的转变,逐步形成建班育人特色,实现高端德育(班主任)教师增量目标,以此构建"乐于研究、勤于实践、敢于创新、个性鲜明"的优秀班主任队伍,整体提升集团班主任队伍水平。

目前,我们在集团班主任队伍中招募了 49 位教师参与"精彩孩子王"工作坊。邀请集团内骨干班主任参与"精彩孩子王"见习教师培训课程编写,已完成了 11 篇培训方案初稿。今后,将聘请编写组成员陆续实施培训课程,青年班主任通过学习、实践,逐步掌握班主任工作的理论知识,提升班级德育和班集体建设与管理的能力和技巧,全面有效地履行班主任职责;骨干班主任通过课程的实践研究,逐步形成自己建班育人特色,引领辐射集团班主任工作。

通过以上集团师资队伍共建工作,集团把发展重心转向教师本身,不仅整体提升了集团教师的专业水平,还促进了集团骨干教师实现增量:自 2009 年起,中学高级教师由 5 名增至 17 名,区学科带头人从 0 到 4 名,区级骨干从 4 名至 12 名,分布在各所学校。

集团各校的教师团队也逐渐发展——

上理工附小形成名校长工作室团队、五校联盟科技团队、性别教育团队等专业发展群体。附小科技、品德与社会教研组获区"学校优秀教研组",语文、英语教研组获区"特色教研联合体","阳光工作坊"获市"师德建设优秀项目",拓展型课程组获市"巾帼文明示范岗"。

表 27　2013—2016 学年集团教师教学评比和课题研究情况

学校	全国			市级			区级		
	课题立项	公开教学	获奖情况	课题立项	公开教学	获奖情况	课题立项	公开教学	获奖情况
国和小学						1	2	4	7
水丰路小学				1		6	6	13	17
水丰分校				1	1			8	
内江二小							3	2	3
长二分校				2		2	6	5	4
上理工附小	11	1		5	23	25	7	30	25
总计	11	1		9	24	34	24	62	56

表 28　教育集团高端教师增量 2009 年、2015 年、2016 年对比数据

学校	2009 学年			2015 学年			2016 学年		
	中学高级教师	区学科带头人	区级骨干教师	中学高级教师	区学科带头人	区级骨干教师	中学高级教师	区学科带头人	区级骨干教师
国和小学							1		
水丰路小学					2	2			2
水丰分校				1			2		
内江二小				4		1	4	1	
长二分校				1		1	1		1
上理工附小	5		4	6	3	8	7	3	9
合计	5		4	12	3	12	17	4	12

内二小学为两位科技和围棋特色教师搭建平台,成立了有 10 名优秀青年教师参与的"中高工作室"。

国和小学原先相对薄弱的数学教研组,围绕"学生审题能力的培养"开展教学设计、课堂实践研究,进行全区经验交流,得到区教研室高度评价。

水丰路小学开展青年教师培养项目,举行"幸福源"青年教师沙龙,提出"六个一"要求,开展话校史谈理想、校训理解讨论、校园 TED 等活动。

水丰分校英语组以学生问题为导向,梳理小学全套教学目标,开展《构建小学英语智慧课堂的实践与研究——课堂练习的设计与优化》教学研究。

长二分校研究"本色课堂",以课标的研究、课例的实践研究为载体,研究双向细目标,牵头随迁子女教育协作组数学联合研训任务,不断提升教研质量。

五、联珠迭唱,实现优质均衡的成果共享

(一) 优质发展

各校在集团带领下根据各自特点,不断提升办学积极性,呈现办学活力,显现办学特色。社会家长的满意度逐年上升。

上理工附小围绕"不一样的生命,一样的精彩"办学理念,学校近年来家长满意度

达到了 96.8％，社会办学声誉稳步上升。先后被授予教育部基础教育司和谐校园、第一批全国学校体育工作示范学校、市文明单位、市生命教育试点校、市（见习教师）培训基地、市职工最满意企事业单位、市艺术特色校、市体育传统项目学校、市"立德树人"体育教育教学研究基地、市中小学心理健康教育示范校、市平安示范单位、市安全文明校园、市行为规范示范校等殊荣。

国和小学在和谐发展教育的理念下，不断推进"和融管理、和悦教学、和美环境、和润德育"四大板块建设。近期的教师师德测评，家长满意度达到 99％，近半数家长还留言："教师都非常认真负责，有仁爱之心，家长非常满意"、"国和小学教师具有良好的职业素养，爱护尊重学生，小孩子都非常喜欢教师的教学。"曾获市法治教育示范校、区文明单位、市平安校园学校、区综合治理优胜单位、区德育先进集体、区花园学校等。

水丰路小学秉持"让学生体验学校生活的快乐、让教师感受教育工作的幸福、让家长享受孩子成长的喜悦"的办学理念，近几年家长对学校办学水平和师德现状的满意度都在 98％以上，96％学生对学校生活感受快乐。学校曾获全国青少年集邮活动示范基地、市中小学行为规范示范校、市"十三五"家庭教育实验基地、市健康先进单位、市红十字工作达标学校、市城市学校少年宫、市安全文明校园、市"家校互动"平台应用先进集体、市集邮先进集体、区文明单位、区德育先进集体、区体教结合工作优胜集体、区健康促进学校等。

内二小学把"信任"作为指导学校长期发展的核心理念，着力构建有吸引力的"磁性"学校。2016 年 5 月杨浦区办学水平综合督导家长问卷汇总满意度 97.88％，学校曾获市围棋传统学校、市青少年集邮特色基地学校、市安全文明校、市家庭教育指导基地校、市共青团号、区文明单位、区体育传统项目（围棋）学校、区艺术教育特色（合唱）项目学校、区健康教育促进校、区节约型绿色学校、区教育科研先进集体、区雏鹰大队等。

长二分校围绕"多彩童年和悦成长"办学理念，2015 年 2 月针对校园环境、学生活动、阳光体育、教师教学的家长满意度达到 98％。曾获市学校图书馆工作优秀单位、市中小学图书馆工作先进集体、市安全文明校园、区少先队"雏鹰大队"、区中小学校德育先进集体、区教育系统师德建设优秀项目。

水丰分校围绕"梦想从这里启航"的办学理念，以围绕社会主义核心价值观的"梦想德育"、基于学生需求的"梦想课程"、基于学生思维品质培养的"智慧教学研究"、基于学校发展的"师资队伍建设"4 个项目为抓手，理顺管理、营造新生态。在区督导室进行的中小学16项办学满意度测评中,均超区平均得分。学校被评为市安全文明校园、市中小学中华优秀传统文化经典诵读十佳特色学校、区文明单位、区少先队"雏鹰大队"。

(二) 均衡发展

各校在自主发展的基础上,不断缩短校际差距,集团内3所普通校的本地生源流失率逐年下降(见下表),而2013年加入集团的国和小学,得到社区家长认可,2013—2014年度,学校新生流失率一直控制在27%—28%之间。

表29 三校本地生源比例2009年与2015年对比情况

学校	本地生源比例	
	2009 年	2016 年
长二分校	15%	34%
内二小学	39%	54%
水丰分校	41%	72%

通过组团发展,集团各校教师专业能力不断提升,从2009年与2015年各校教师获奖情况对比数据来看:市区级立项课题增加了11个;课题获奖数增加了6个;荣誉获得数增加了13人。

表30 各校教师2009年与2015年获奖情况对比

学校	2009 年				2015 年			
	课题研究		教学评比	荣誉称号	课题研究		教学评比	荣誉称号
	立项	获奖			立项	获奖		
上理工附小	7	6	5	10	12	5	7	16
水丰路小学	6	6	3	3	7	6	7	4
长二分校	1	3		4	6	3		6
内二小学		4		3	1	8	1	7
水丰分校	4	5	5	2	2	8	2	1
国和小学		3		2	1	3	1	3
总计	18	27	13	24	29	33	18	37

（三）学生发展

1. 共享学生奖学金

"上理之星"学生奖学金，是上理工大学为表彰附属学校的优秀学生而设立的专项基金。附小将"上理之星"评选惠及集团各校，激发成员校学生自强向上、公益责任。至2015年，共有69名集团成员校学生获得"自强之星"和"公益之星"称号。集团还编印了《那一片星空——获奖学生风采录》，宣传各校孩子们的优秀事迹。

2. 促进学生全面发展

各校学生综合素养在原有基础上逐年提高，从2009年与2015年各校学生在艺术、体育、科技等方面获奖情况对比数据来看：集团学生获奖数增加了301人次。

表31　各校学生2009年与2015年获奖情况对比

学　　校	2009 年	2015 年
上理工附小	109	174
水丰路小学	110	212
长二分校	58	106
内二小学	46	117
水丰分校	52	83
国和小学	23	7
总计	398	699

六、联步而行，争创优质教育的辐射效应

1. 争创新优质，共寻内涵发展路径

2013年以来，教育集团将创建"新优质"作为集团均衡发展的切入口，将"探寻最近发展区"作为理事会重要研讨内容，校长们分别探访平南小学、瞿溪路小学、洵阳路小学等上海市新优质项目学校，观摩附小托管的水产路小学"新优质学校展示活动"，认识到校长的智慧和韧性是办好一所学校的决定因素，也真切地感受到：均衡是集团每一所学校为之努力的发展目标，更是促进学校内涵发展的途径。

规划，是学校的顶层设计，是校长最重要的"功课"。理事会以各校三年规划的制

订和实施为抓手,聚焦办学中的问题和瓶颈,梳理优势和不足,形成三年发展目标,以及重点发展项目。从有新意、有实效、能辐射的经验和成果中提炼主题,找到能够有效解决问题的发展路径;对于已经取得突破、形成了有效经验的学校,加以鼓励和支持,加速其取得拓展,走向全面优质。例如:内二小学的围棋课程经过多年的积淀,在区域内得到推广。这份经验帮助了其他成员校获得突破性思路的启迪,找到新的生长点,走出困境或穿越瓶颈。

2014年,集团各校对如何评估学校三年规划有所疑惑。为此,集团邀请当时的上理工附中特级校长姜明彦,以附小的学校新三年规划为样本,作了《学校三年规划诊断与分析》,集团成员校深受启发,各校陆续举办三年规划研讨会和中期小结会,共同研讨规划的设计和落实。2016年伊始,集团就请来区督导室谢秋观主任为校长们作了题为《凸显综改,强化细则,激励发展》的学校绩效考核专题报告,帮助学校厘清办学目标和实践要点。

今年6月,集团内4所学校积极申报杨浦区新优质项目学校,长二分校、国和小学申报成功,继续在附小的引领下,与另外三所区新优质项目学校,组成集群式发展团队,共同探寻优质教育路径。

2. 开门办学,形成良好的社会和教育效应

上理工附小教育集团6校携手发展,组团前行,一路走来的经验可圈可点。

2015年4月,集团在上海市教育博览会"走向优质均衡的再选择"学区化集团化办学高峰论坛上,以及全区教育集团化办学推进会上,作了《读懂这个共同体——一个理事长的自问》主题发言。

2016年,集团办学的影响力继续上升,在新民网、东方网、新华网等媒体上,陆续刊登了《杨浦放大招:8%教师必须"动起来"》、《好学校集团化,真的会改变我家门口的"菜场小学"吗》、《家门口的好学校‖学区化集团化办学杨浦区》、《上海教育均衡策④|上理工附小带动"菜场学校"沪籍生增加》、《破解"择校热"!杨浦教育10年交出社会满意答卷》、《上理工附小教育集团:差异化教育解决"男孩危机"》等新闻,积极肯定了集团办学的成效。

2016年10月,丁利民理事长赴北京参加首届"京沪教育集团(集群)经验交流会",作了《把握"机会",突破"空间"》主题发言,获得高度好评;11月,丁利民理事长在区师资队伍建设工作会议上,介绍了集团师资发展培训经验《走上均衡优质之路》。

第二部分　发展瓶颈与思考

一、发展瓶颈

随着教育改革的深化,课程与教学的领导力成为校长们的首要核心能力,要突破"旧理念"的束缚,走出原有的"舒适区",校长们必然要继续提升校长课程领导力——提高校长及管理团队课程与教学的顶层设计能力,以及落实计划和提高成效的管理技巧,引领学校不断提升办学品质,走向优质均衡。

二、展望思考

校长课程领导力最终走向具有特色的校本课程文化,从而让学校的所有成员获得成长和愉悦,让教师获得历练和提升,让学生获得满足和发展,让学校形成品牌和影响力。今后几年,集团将继续激励校长们做教育者、思想者和管理者,提升课程领导力。

基于办学条件和基础,校长们需要放下对"先进称号"的追求,注重课程与教学质量的提升和教师学生的管理,鼓舞全体教师、激发内驱力,并依靠学生家长的共同努力,形成"劲往一处使"的合力,实现课程实施的精神保障,让学校各项工作呈现出蒸蒸日上的局面。

围绕办学理念,校长们主动学习学校顶层设计的方法,找准努力方向和撬动支点,并进行积极的国家课程个性化、创造性地研发,并持之以恒地努力实践。让课程的生成与实施成为学校文化的核心部分,促使教师正确理解课程,使办学目标和教师专业成长目标同构、重合,培育出一支能教书、善合作、会研究的教师队伍。

依据育人目标,校长们不必忧虑拥有多少地段学生,而是关注精心培养了多少学生,把更多的时间放在研究课堂教学效果的有效和精彩上,不断研发具有办学特色和地域特色的校本课程,不断丰富课程内涵,彰显课程特色和学校品牌,促进学生健康快乐地成长。

后　记

这本书是对自己办学理念和实践的一次梳理。

作为校长，教育管理是我们的专业，然而专业之上，应该是理想。管理是走向理想的那条路。我想，作为一名校长，核心的追求就是想办一所好学校，以及怎样办好一所学校。

我时常问自己：什么才是最重要的？当看到孩子不能快乐地学习，看到孩子没有理想、目光茫然，我会觉得没有尽到自己做校长的职责。如何让我的办学愿景转化成全校教师自觉的教育期待与育人行动？唯有理念先行，同舟共济，才能为学生一生的成长尽一点心力。

2001 年，我提出"不一样的生命，一样的精彩"的办学理念。这句话的提炼得益于上海市教育科学研究院普教所杨四耕老师、智力所杜晓利老师等一批专家的帮助，这句激动人心的话一直伴随我的办学历程，并始终激励我为之而努力。

走向目标的过程是发现问题的过程，也是解决问题的过程，更是培养团队的重要过程。对于校长而言，核心团队在理念上保持一致尤其重要，中层干部的想法决定了学校的顶层设计是否能落实到具体的工作中。以办学理念为理性的参照，我在实践中带领大家不断地回应现实问题，解决棘手问题，努力为这艘已挂起理想风帆的"航船"引领、护航。

记得 2007 年，我们初次制订学校发展的三年规划，团队没有经验，沿袭了以往模糊笼统的表述方式。我虽然知道问题的症结，但依然决定让大家体验一次。在规划实施一年后，中层干部马上就发现了制订的规划存在无法评估的问题。于是，在调整、修订中，大家理解了什么是可检的指标、检测指标对目标的解释性等。重新来过，不再是我的要求，而是干部们对工作的自发要求。持之以恒，这样的锻炼，带来了核心团队更高的工作效率，以及迅速地成长。这个过程中，也得益于杨浦区教育局和上海市名校长培养基地两位名校长张治校长、卞松泉校长对我的指点，包括同为学员的各位校长，在他们身上我学到了很多管理之道。

同样，在学校课程的构建过程中，我对成长有了新的理解。原本，我一直认为学校课程数量的多少不是问题，直到一个女孩出现在我眼前。体育课上，她跑不快跳不高，体育成绩平平，但是参加击剑训练时，她拿起剑的瞬间，仿佛变成了另一个人，那么英姿勃发、自信满满。从她的身上，我见证了多元的课程可以为孩子们的成长提供更多的可能。为此，学校要创造一切条件增加课程。感谢学校的教师们，感谢上海市教研室江铭初老师、杨浦区小学教研室张爱嫣老师的悉心指导，尤其感谢我们学校课程教导薛蕾老师的辛勤付出，让学校的课程经历了从无到有、从有到丰富多彩，成就了孩子们的精彩成长。

　　课堂教学的变革是学校课程改革的深水区。"关注学情，关注差异"的教学变革的探索，给课堂带来了令人惊喜的变化，教师们正在创造更多的方式引导不同起点的孩子投入学习、经历学习，与之相呼应的是更加平等的师生关系的建立，一个更加安全和支持的教育环境正在生成。感谢上海市教科院夏雪梅博士、杨浦区教育学院朱清一院长、杨浦区小学教研室的点拨和鼓励，让我们在最艰难的课堂变革中坚持不懈。

　　最后要感谢所有支持我的家人、领导、同行、朋友，尤其是我的团队，包括升职调离的沈沁校长、徐晶校长，我们并肩前行，一路共同成长。

丁利民

2018 年 9 月